I0750336

Luciano Francisco de Comella

La esclava del negro Ponto

Barcelona **2024**
Linkgua-ediciones.com

Créditos

Título original: La esclava del Negro Ponto.

e-mail: info@linkgua.com

Diseño de cubierta: Michel Mallard.

ISBN tapa dura: 978-84-1126-235-4.
ISBN rústica: 978-84-9816-644-6.
ISBN ebook: 978-84-9897-977-0.

Sumario

Brevísima presentación

La vida

Luciano Francisco Comella (Vic, 1751-Madrid, 1812). España

Huérfano, quedó a cargo del marqués de Mortara, un compañero de armas de su padre. De su primer matrimonio nacieron cuatro hijos, entre ellos Joaquina, quien escribió algunos dramas con él. Sus primeras obras son de fines de 1777.

A partir de 1789 colaboró en el Memorial Literario dirigido por Joaquín Ezquerra y al año siguiente editó el Diario de las Musas, donde colaboraron escritores e intelectuales muy conocidos en la época.

A Comella se le vinculaba sobre todo con el teatro musical, en sus diferentes géneros: zarzuelas (La Dorinda), melodramas (La Andrómaca) y óperas (Los esclavos felices). Le dieron asimismo mucho éxito sus comedias heroico-militares y las sentimentales, reflejo del espíritu moderno de la clase media.

Su mayor enemigo fue Leandro Fernández de Moratín, cuya célebre obra La comedia nueva o El café ironiza sobre los autores a los que Moratín consideraba malos dramaturgos y en particular contra Luciano Comella. Sin embargo, la aceptación popular del teatro de Comella no se vio mermada y en 1806 fue nombrado director de la Compañía Española del Teatro de Barcelona.

El ambiente

La esclava del negro Ponto está ambientada en una isla del Negro Ponto, antiguo emporio cristiano ocupado por una Constantinopla islamizada en la que cristianos y musulmanes viven en conflicto.

Personajes

Solimán, católico encubierto, general de las tropas de Mahomet
Mahomet, emperador de Constantinopla
Salem, general subalterno de Solimán, su rival
Hebraín, gobernador de los jardines de Mahomet, capitán de sus tropas y confidente de Solimán
Pelealogo, príncipe y gobernador del Negro Ponto
Fabiano, su hijo mayor
Alexandro, su hijo menor
Arnesto, Senador más antiguo. Dos senadores
Colberto, capitán del Senado
Eurinome, Princesa joven cristiana, hija de Pelealogo
La Sultana, esposa de Mahomet
Zaira, hermana de Mahomet
Celia y Nise, confidentas de Eurinome
Sisema y Meledora, confidentas de la Sultana
Acompañamiento de damas cristianas
Acompañamiento de damas de la Sultana
Soldados cristianos
Soldados turcos

Acto primero

La acción se representa en el palacio del príncipe Pelealogo; isla del Negro Ponto, que fue de la República de Venecia, y hoy día del Turco.

El teatro será un salón; enfrente dosel y debajo tres sillas: en una de las de los lados Fabiano: por uno y otro lado del teatro sillas, y en ellas Arnesto y los dos senadores con togados, Soldados, granaderos con sable en mano a las esquinas del tablado.

Arnesto

Cuando la ciudad peligra,
antes que verla deshecha
en cenizas, entregarnos
es cobardía, es prudencia.

Fabiano

Yo en el nombre de mi padre
y señor, digo que es necia
cobardía; y que el Senado
no debe hacer a Venecia
(su Soberano) un ultraje
indigno de su nobleza.

Arnesto

Fabiano, al fin como joven
discurres sin experiencia:
ve de parte del Senado,
y di a tu padre que venga
a presidirnos.

(Sale Alexandro.)

Alexandro

Albricias,
Senado ilustre, que llega
(victorioso de una acción)
mi padre a vuestra presencia.

Todos — ¿Qué dices?

Alexandro — Que ya le aclaman,
diciendo en dulces cadencias...

(Sale Pelealogo espada en mano y Soldados: el Senado llega a recibirle con demostraciones de sumisión y gozo.)

Música — El Príncipe generoso
que con valor y prudencia
defiende su patria, viva
siglos y edades eternas.

Voces — El príncipe Pelealogo
viva.

Arnesto — ¿Qué victoria es esta,
gran señor, no esperada?

Los dos hijos — Dénos los pies vuestra Alteza.

Dos senadores — Y a todos.

Pelealogo — Tomad los brazos:
y porque el caso os refiera,
las sillas del magistrado.

Todos — Hágase como lo ordenas

(Todos se sientan, Pelealogo y sus dos hijos debajo del dosel.)

Pelealogo — Amparado de la noche
salí por oculta senda

al campo del enemigo,
sorprendí sus centinelas,
en cuya seguridad
todos al sueño se entregan.
Acometí con mi gente,
que armada de furor, llena
de coraje, en cada alfanje
un rayo vibra su diestra
de Marte; crece el asombro,
y entre lamentos y quejas,
los que huir quieren del riesgo
entre mis riesgos tropiezan.
Esforzado Solimán
su tropa anima a que vuelvan
por sa fama, y reunido
con el resto de sus fuerzas
los genízaros, osado
en la venganza se empeña.
Yo al ver que eran desiguales
las mías, con diligencia
me retiré a la ciudad:
pero aunque en el campo quedan
muertos y heridos diez mil
turcos, no por eso cesa
el rigor, que quince meses
de asedio nos amedrenta.
Y así para resolver
lo mejor quiero que sepa
el Senado lo que dice
el Supremo de Venecia,
(a quien toca dictar leyes
como superior cabeza
de esta isla) que enterado
del riesgo a que se halla expuesta,

me encarga os haga presente
a todos, a la nobleza
y al pueblo, cuán importante
es resistir la violencia
de Mahomet, hasta tanto
que en nuestro socorro llegan
treinta naves, y que cuando
disminuidas las fuerzas,
no podamos contrastarle,
demos la vida en defensa
de la fe, nobles patricios,
católicos de la Iglesia.

Fabiano

Padre y señor, ¿quién habrá
que resista a una propuesta
tan justa?

Arnesto

Sin resistirla,
cuando la vida se arriesga,
es el derecho común
preferido a las violentas
persuasiones del Senado.

Senador 1

Demás, que si vuestra Alteza,
(en cuyos hombros descansa
hoy la dignidad suprema)
auxiliado ya y armado
de los ardides que enseña
la militar disciplina,
por más válidas refriegas,
combates y escaramuzas
que ha ejecutado, aunque en ellas
salió como hoy, victorioso,
solo irritar la soberbia

del enemigo ha logrado,
qué esperanza habrá que pueda
lisonjearnos de que el turco
levante el sitio?

Senador 2

Sus fuerzas
son invencibles; y hoy dicen
que con un socorro llega
Mahomet al puerto.

Arnesto

El hambre
cada día nos estrecha
con más rigor; el empeño
con que mira esta interpresa
es grande, cuando en persona
viene el gran señor; la experta
conducta de Solimán,
(su gran General) da pruebas
de su valor; el morir
no evita que el turco sea
señor de la isla; sus hijos
(como vemos) se interesan
en defenderla animosos;
pero si el trance se acerca
de morir, o de rendirse,
no es razón que todos mueran.

Pelealogo

No es razón, que no hay razones
que esa sin razón convenzan.
¿Quién querrá ver de vosotros,
si al enemigo se entrega
la ciudad, en vil tirano
cautiverio a la nobleza?,
¿quién el amor y la fama

de las mujeres expuesta
a la bárbara osadía
del contrario?, ¿quién las regias
dignidades ultrajadas?,
¿quién disipada la hacienda?,
¿y quién (esto es más que todo)
profanadas las iglesias
donde a Dios le tributamos
cultos con fe verdadera?

Alexandro — No, padre mío; morir,
morir primero que lo consientas.

Fabiano — La causa de Dios defiende,
que él mirar por la nuestra.

Pelealogo — Callad hijos, porque son
espadas que me penetran
vuestras voces, inspiradas
del celo que las alienta
fervoroso.

Los tres senadores — A tal ejemplo
todo el Senado sujeta
el yugo a vuestro dictamen.

(Tocan.)

Pelealogo — ¿Pero qué llamada es esta?

Colberto — Tremolando desde el campo
al aire blanca bandera
en nombre del gran señor
pide Solimán audiencia;

y escoltado de su guardia
al Senado se presenta.

(Solimán, turco bizarro, escoltado de una guardia suya, sable en mano su escolta.)

Soldado — Salve, general valiente;
y el gran Dios que reverencian
(Aparte.) los cristianos (y yo adoro)
os asista.

Todos — Con bien vengas.

Pelealogo — Toma asiento, di ¿a qué vienes?

Solimán — Antes pretendo (depuesta
mi autoridad) admirar
en tu valor y prudencia
uno de los Generales
mayores, que con eternas
alabanzas, en el templo
de la fama se celebran.

Pelealogo — ¿Por qué lo dices?

Solimán — Por ver
que con tan débiles fuerzas
me destruyes.

Pelealogo — En ti se halla
prerrogativa suprema
de honrar al que es tu contrario.

Solimán — Con razón, porque si llega

mi brazo a vencerte, en vano
aspira a mayor empresa.

Pelealogo

Eso es por hacer mayor
la victoria que deseas.

Solimán

Esta es deuda que tu grande
corazón se adquiere.

Pelealogo

Deja,
general invicto, gloria
del Asia, y terror de Persia,
esa plática, y refiere,
tu embajada.

Solimán

Pues es esta;
Mahomet segundo, invicto
emperador de la excelsa
Constantinopla y del mundo,
que oprime, manda y sujeta
su poder, pues siete imperios
orlan su augusta diadema:
hijo del Sol y de Marte,
feliz alumno en la guerra;
salud te envía, y, por mí
te dice, que su grandeza
no puede ya sin desaire
mirar con indiferencia
el ultraje que de ti
sus armas experimentan:
y así te manda...

Pelealogo

¿A quién manda?

Solimán
(Se levanta.)

A ti, pues por suya cuenta
ya esta plaza, que me entregues
las llaves, y si no...

Pelealogo

Cesa,
que está demás tu embajada
si tu pretensión es esa:
y así dile...

Voces (Dentro.)

Quita, aparta.

Pelealogo

¿Qué es aquello?

Colberto

La Princesa.

Todos

¿Qué intentará?

(Sale la Princesa, Nise, Celia y damas cristianas.)

Princesa

Generoso
congreso, pueblo y nobleza,
cuantas ilustres matronas,
y cuantas jóvenes bellas
saben que por Solimán
el contrario pide audiencia
al Senado: temerosas
de que ha de ser en ofensa
de su honor, cuanto no fuere
negarle lo que pretenda;
han movido mi piedad,
a que en su nombre interceda
con el Senado, porque
al consultar la respuesta
que ha de dar, tenga presente

el riesgo a que queda expuesta
su fama, si el enemigo
de la ciudad se apodera;
y así en el nombre de todas,
vengo a deciros resuelta,
que antes que exponer su amor
todas, y yo la primera,
dejando por el arnés
joyas, brocados y perlas,
como amazonas cristianas
sostendremos la fiereza
del enemigo en el trance,
hasta morir en la empresa;
y así...

Pelealogo — Tente, no prosigas.

Solimán (Aparte.) — (¡Cielos, qué deidad es esta!)

Todos — ¡Valiente resolución!

Solimán — ¡Noble osadía! Si fueran
todos como yo rendidos
y atentos, y en la belleza
(que no es posible) os igualan
todas vuestras compañeras,
seguro era el vencimiento,
señora, de parte vuestra.

Princesa — Cortesano embajador,
no hablo contigo.

Celia — Si piensas
con afectadas lisonjas

sorprender nuestra entereza,
te engañas.

Pelealogo
Ya resolvió
el Senado; escucha atenta,
y tú también, Solimán,
escucha, para que seas,
cuando tú pides que niegue
(A su hija.) y tú mandas que conceda
(A Solimán.) respuesta de tu embajada,
lo que a mi hija respondiera.
Dile a Mahomet...

Solimán
¡Qué escucho!
(Aparte.) (¿Esta dama es hija vuestra?)

Pelealogo
Y estos dos jóvenes bellos.

Solimán
Cuánto de oírlo me pesa.

Pelealogo
¿Por qué?

Solimán
Porque me lastima
la rigurosa tragedia,
y el estrago tan sangriento
que amenaza a tu belleza.

Todos
¿Qué dices?

Solimán
Que cruel ministro,
le va a formar la sentencia
de muerte su mismo padre.

Pelealogo
¿A mi hija yo?

(Levántanse todos.)

Solimán
Es cosa cierta.

Pelealogo
¿Deliras?

Princesa
¿Estás en ti?

Solimán
¡Oh malograda inocencia!,
¡oh padre impío!, ¡si el golpe
no detienes, que os acerca
al inhumano suplicio
de una cruel muerte!

Princesa
Suspensa
de oírte...

Pelealogo
Absorto a tus voces
no hallo razones que puedan
responderte.

Princesa
¿Por qué causa?,
¿o cómo a mí me condena
mi padre al suplicio?

Solimán
Siendo
(si en sus máximas se empeña)
homicida riguroso
de toda su estirpe regia,
y aun de sí mismo, supuesto
que fiero más que las fieras
se destruye con su ser.

Fabiano — ¿Qué te persuade a que quepa
esa crueldad en mi padre?

Solimán — El que traigo orden expresa
del gran Mahomet mi dueño
para (si el Senado niega
su pretensión) prefinirle
dos horas; y fuera de ellas,
si no entregáis la ciudad,
de abrasarla y demolerla
jura por Alá, rompiendo
a sangre y fuego sus puertas.
El gran señor ya ha venido
con su esposa a poseerla;
cien mil infantes, y veinte
mil de a caballo la cercan:
los puertos tengo tomados,
las baterías dispuestas,
mi orden aguardan; conque
si constante perseveras
en defenderte, tú mismo
destruyes tu descendencia,
a ti y a toda tu patria;
pues es forzoso perezcan
al irritado coraje
de nuestras iras sangrientas.
Y así antes de responderme
tu peligro considera,
que después ni aun yo podré
favorecerte aunque quiera.

Pelealogo — Calla, calla, que no sé
cómo ha tenido paciencia
mi autoridad para oír

proposiciones tan necias,
tan bárbaras y arrogantes.
Dile a Mahomet que emprenda
la acción, y dará el valor
el triunfo a quien le merezca.

Los 2 hijos ¿Y es ese el temido daño
que me amenaza?

Princesa ¿Y es esa
la impiedad con que mi padre
al suplicio me condena?

Solimán Tan por instantes, que voy
a ejecutar la sentencia.

Princesa Pues si pende del combate,
cuando las vidas se arriesgan
y la fe, vale una espada
cristiana por cien cabezas
mahometanas; y así dile
al Emperador que venga.

Solimán No es la inacción que hasta aquí
visteis en mí consecuencia;
porque antes mandaba yo,
y hoy me mandan que obedezca.

Arnesto Lo será haber desistido
muchas veces de la empresa
tu ejército.

Solimán ¿Quién te ha dicho
que a no haber causa secreta

en mí, que tal vez me inspira
a no hacer lo que debiera
con vosotros, que el volcán
que en mi pecho se alimenta,
a impulsos de mi furor,
brotando ardientes centellas,
no os hubiera reducido
a miserables pavesas?

Senador 1 (Aparte.) (¿Qué causa?)

Solimán Ser yo... cristiano
no te importa a ti el saberla.

Senador 1 Mucho ofreces.

Solimán Y sé hacer
mucho más de lo que ofrezca:
en fin ¿qué es lo que respondes?

Pelealogo Que las amenazas fieras
ni el ejército soberbio
de Mahomet me amedrentan.

Solimán Del enemigo el consejo
tomar, suele ser prudencia;
mira que aquí tu enemigo
como amigo te aconseja.

Pelealogo Como Solimán y amigo
te agradezco la fineza
con mis brazos; pero como
Emperador, que te vuelvas
te mando al punto.

Solimán ¿Eso dices?

Pelealogo Y mucho más te pudiera
decir.

Solimán Ay de ti en sabiendo
Mahomet esa respuesta:
dile que advierta tu riesgo.

(A la Princesa.)

Princesa A lo contrario le alienta
mi corazón.

Solimán ¿También eres
impía contigo mesma?

Pelealogo La empeña su amor y el mío.

Solimán Mira que tu honor te ciega.

Pelealogo Ya estás cansado, y ya es eso
abusar de mi prudencia.

Solimán ¿Que en fin no te ablandas?

Pelealogo No.

Solimán Pues ya que en eso te empeñas,
Alá te guarde.

Pelealogo Y a ti.

Solimán	Pelealogo, a la defensa.

Pelealogo	Al asalto, Solimán.

Solimán	Venza el brío.

Pelealogo	El valor venza.

Solimán	Toca al arma.

Todos	Al arma toca.

(Vase Solimán con su escolta, y Colberto, que le va convoyando.)

Pelealogo	A la amenaza sangrienta
del enemigo soberbio,
¿qué dispone la prudencia
del Senado?

Arnesto	Defendernos
valientes.

Pelealogo	Pues no se pierda
el tiempo, que es tan preciso
a los reparos.

Todos	¿Qué ordenas?

Pelealogo	Que cada cual, a los puestos
que están a su cargo atienda.

Todos	Todos te obedeceremos.

Pelealogo	Amigos, hoy resplandezca

el blasón que consiguieron,
muriendo por defenderla,
los griegos en esta isla.
Igual caso nos acuerdan
las historias en Sagunto,
en quien la fe...

Voces (Dentro.) Guerra, guerra.

(Sale Colberto.)

Colberto (Acelerado.) Mira que ya el enemigo
a las murallas se acerca.

Pelealogo Vencer, o morir, amigos.

Los dos hijos ¿Vencer, o morir me ordenas?

Pelealogo Sí.

Todos Pues vencer, o morir
por la fe que nos alienta.

(Vanse todos sacando la espada, menos Pelealogo y la Princesa.)

Princesa (Le detiene.) Fabiano, Alexandro, hermanos,
padre, señor, tente, espera;
y si vais a morir todos,
muera yo también.

Pelealogo No temas,
pedazo del corazón
que te idolatra; y espera
que volvamos victoriosos.

Princesa
Ay padre mío, ¿y si trueca
la suerte el acaso?

Pelealogo
Calla,
que me afligen tus ternezas.

Princesa
No te vayas, no me dejes
triste, afligida, y expuesta...

Pelealogo
¡Qué rigor!

Princesa
A la ojeriza
de un tirano cruel.

Pelealogo
¡Qué pena!

Princesa
Si yo heredé tus virtudes,
también tu valor: resuelta
sabré morir a tu lado.

Pelealogo
Eso es querer que yo muera
muchas veces; mas si acaso
yo fallezco...

Princesa
¿Qué violencia?

Pelealogo
Dame palabra...

Princesa
¿De qué?

Pelealogo
De no admitir las finezas
de ningún bárbaro aleve.

Princesa ¿No soy tu hija?

Pelealogo Eso me alienta.

Princesa ¿No soy cristiana también?

Pelealogo Sí, hija mía.

Princesa Pues no temas,
que a los suplicios más fieros
mi constancia retroceda.

Pelealogo Ese consuelo me anima.

Voces (Dentro.) Arma, arma, guerra, guerra.

Pelealogo A Dios.

Princesa ¿Que vas a morir?

Pelealogo O a vencer.

Princesa ¡Oh qué funesta
despedida!, ¡oh padre amado!,
aguarda.

Pelealogo No me detengas.

Princesa No te vayas, vete, mira:
no mires: ¿así me dejas?,
pero a Dios, tente, mas no,
advierte, mas nada adviertas;
(De rodillas.) y dame tu bendición
que yo si no...

Nise ¡Qué tristeza!

Princesa Dame el abrazo postrero.

Pelealogo Y el alma que en ti se queda:
a Dios.

Princesa A Dios padre mío.

Pelealogo Él a tus ojos me vuelva
victorioso.

Princesa Él me consuele.

Los dos Y dé a los dos fortaleza.

(Vanse.)

(Mutación de muralla y castillos, en los que habrá Soldados y todos los cristianos. La muralla tendrá una puerta en medio, y salen Soldados turcos con banderas, escalas y picos, marchando, y detrás Hebraín, Salem, Solimán, y Mahomet, todos de turcos: a los lados cureñas, abocados los cañones a la plaza: salva.)

Voces Mahomet invicto viva.

Mahomet Ea Solimán, ya es tiempo
que tu valor acredites
contra los que mi supremo
poder abatir pretenden.
Ya sabes cuánto apetezco
la posesión de esta Isla
del Negro Ponto; pues siendo

mía, para otras empresas
facilita el logro.

Solimán — Hoy tengo
de ponerla a vuestros pies.

Salem — Ya he dicho que no convengo
en el asalto.

Solimán — Yo sí.

Salem — Cuando es evidente el riesgo
es temeridad la acción.

Mahomet — Siempre es gloria el vencimiento.

Solimán — Soldados, a la muralla
sable en mano, los obreros
rompan las puertas: no cesen
las baterías su fuego
hasta abrir brecha, de modo
que al hallarse los de dentro
con peligro en todas partes,
no podrán sin mucho riesgo
de unas, asistir a otras.

Hebraín — Toca al arma.

Solimán (Aparte.) — (Aunque lo siento,
no puedo excusarlo estando
mi pundonor de por medio.)

Mahomet — Al asalto.

Solimán
Al arma toca.

Mahomet
No te arriesgues, que más quiero
perder la plaza que a ti.

Solimán
Eso es infundir aliento
a mi osadía; Hebraín,
a tu valor encomiendo
el fuerte de este castillo.

Mahomet
Ya tu brazo el vencimiento,
Salem, de la ciudadela.

Los dos
Aunque es difícil empeño,
sabré rendirle.

(Arrimando escalas van asaltando la muralla, Hebraín a un castillo, Solimán y turcos al muro, y hacen fuego de una parte y otra.)

Unos
Arma, arma.

Otros
Guerra, guerra.

Mahomet
A sangre y fuego
entrad, y no quede nadie
que no gima su escarmiento.

Pelealogo
No entrarán por esta parte,
que soy yo quien las defiendo.

Arnesto
Ni por esta, si no logran
abrir puerta por mi pecho.

Solimán
Los lunados estandartes

he de tremolar al viento,
en la misma barbacana
que defiendes.

Pelealogo
Tu ardimiento
hallará en mí resistencia.

Solimán
Soldados el día es nuestro.

Pelealogo
Viva la patria: hoy es día
de hacer nuestro nombre eterno.
Victoria por la ciudad.

Mahomet
Ea, mahometanos fieros,
no el peligro os acobarde;
con insensible denuedo
se defienden los cristianos.

Pelealogo
Nuestra es la victoria.

Voces
Fuego.

(Por encima del muro se verá parte de la ciudad: y empieza a arder con la mayor propiedad que se pueda.)

Mahomet
Bombardeo, y baterías
los almacenes prendieron
de la pólvora (sin duda)
y en voraces mongibelos
arde la ciudad.

Solimán
(Sube al muro.)
Victoria
por Mahomet.

Pelealogo ¡Qué oigo Cielos!,
viva la patria.

(Brecha.)

Mahomet A la brecha,
y todos perezcan.

Voces Fuego.

Pelealogo Amigos, morir matando
es el único remedio.

(Suben los turcos al muro y castillo; retíranse los cristianos, todos peleando, y entran otros turcos por la brecha que se abre en el muro; tremola Solimán el estandarte real, y le fija en el muro.)

Solimán Ya, gran señor, en la parte
donde era mayor el riesgo
fijé tu real estandarte.

Mahomet El triunfo debo a tu esfuerzo.

(Sale Salem.)

Salem Ya la ciudadela es tuya.

Mahomet Y también la plaza.

Voces Fuego.

Mahomet Y mientras yo victorioso
a la marina me vuelvo
a desembarcar mi esposa

y mi hermana, esté dispuesto
(A Salem.) ese palacio; y repitan
en mi aplauso los acentos...

Voces (Salva.) Mahomet invicto viva.

(Vanse. Cúbrese la muralla, y sale Arnesto, los dos senadores peleando, y retirándose de Hebraín y turcos. Fachada de palacio.)

Arnesto En vano intentas soberbio
pasar adelante.

Hebraín En vano
resistís caducos, necios,
el paso, cuando ya dicen
esas voces.

Voces Fuego, fuego.

(Atravesando el tablado riñendo, y salen Pelealogo, y Soldados retirándose de Salem y de otros turcos.)

Soldado 1 Ríndete, pues ya es inútil
defenderte.

Pelealogo Aunque me veo
herido, sobra el valor
para esgrimir el acero.

Voces (Dentro.) Muera el cristiano.

(Sale Fabiano peleando retirándose, cayendo y levantando, de otros turcos, y cae a los pies de su padre.)

Fabiano — Ya cede
el valor al desaliento.

Pelealogo
(Defendiéndole.) — Hijo mío.

Fabiano — A socorrerte
venía; pero no puedo:
que a tu vista por la patria
y la fe, gustoso muero.

(Muere.)

Pelealogo — ¡Impía crueldad!, villanos
matadme a mí.

(Embiste con todos precipitado, tropieza y cae, y sale Solimán conteniéndolos.)

Solimán — Deteneos
no le ofendáis.

Alexandro (Dentro.) — Virgen pura
amparadme.

Pelealogo — ¡Otro tormento!,
¡hijo!, ¡Alexandro!

Solimán — Su vida
librad, si llegáis a tiempo.
Príncipe amigo, no temas;
vida, y libertad te ofrezco.

Pelealogo — Si pierdo el honor y fama,

la libertad es lo menos.

Solimán

Si ya la ciudad es mía
¿qué intentas?

Pelealogo

Mientras yo pueda
defenderla, aún no has triunfado,
pues sabré vencer muriendo,
por más que digan las voces,
que me atosigan el pecho...

Voces

Viva Mahomet.

Solimán

Ninguno
le ofenda.

(Acometiendo a los turcos, y retirándose de ellos los cristianos. Solimán conteniendo, se van peleando. Galería con un corredor sobre arcos con bajadas al tablado por los lados, y sale la Princesa sobresaltada.)

Pelealogo

Valedme Cielos.

Princesa

Tropezando con mi asombro
cada paso es un tropiezo.

(Sale Colberto.)

Colberto (Acelerado, sable en mano.)

Huye, gran señora, pronto,
al más oculto aposento
de este alcázar, por si en él
puedes precaver tu riesgo.

Princesa (Vivo.)

¿Qué riesgo?

Colberto — El que te amenaza.

Princesa — ¿Venció Solimán?

Colberto — Primero
se declaró la fortuna
por nosotros; pero luego
inhumana nos persigue,
y los contrarios vencieron.

Princesa — ¿Qué dices?

Colberto — Que a fuego y sangre,
lo que no consume el fuego,
su barbaridad destruye,
calles y casas corriendo.

Princesa — ¿Y mis hermanos?

Colberto — En grave
peligro quedan expuestos.

Princesa — ¿Y mi padre?

Colberto — Del Palacio
la entrada está defendiendo
mal herido.

Princesa — ¡Ah padre impío!,
ven conmigo a socorrerlo.

Colberto — Tente no vayas.

Princesa — ¿Por qué?

Colberto — Por tu riesgo.

Princesa — No le temo.

Colberto — Mira...

Princesa — Habla claro.

Colberto — Pues es
en vano, que ya habrá muerto;
y huye, señora, entre tanto
que yo en tu defensa muero.

(Vase.)

Princesa — ¡Oh qué fiereza!, ¿pues cómo
tal escucho, y no fallezco?
Mas ¡ay de mí!, que el dolor
me ahoga entre desalientos.

(Cae desmayada en una silla, y sale Solimán al paño, Hebraín y turcos, sable en mano.)

Solimán — A impedir que a la Princesa
ninguno, se atreva, quiero
adelantarme.

Princesa — ¡Oh infeliz

(Volviendo del desmayo.)

padre mío!, ¡en qué funesto
trance me dejas expuesta,

a ser víctima y trofeo
mi inocencia de la infamia,
y el mayor ultraje!, ¡oh fiero
y bárbaro Solimán!

(Solimán hace señas que se retiren los turcos, sale.)

Solimán
¿Pues Solimán qué te ha hecho?

Princesa
Impío, cruel, vengativo,
si acaso no estás contento
con derramar de mi padre
la sangre, que estás vertiendo,
y la de mis dos hermanos;
vierte la mía, soberbio.

Solimán
¿Yo abrir tu pecho?, la luz
del Sol me falte, y el centro
de la tierra me sepulte
a los abismos primero.

Princesa
¿Pues a qué vienes, tirano
homicida?

Solimán
Cobra aliento,
y véngate en mí, pues pongo
a tus pies vida y acero.

Princesa
No te acerques.

Solimán
¿Por qué no
si a darte la vida vengo?

Princesa
Pues no eres tú el agresor

bárbaro, cruel y perverso,
que de mi padre y hermanos
vierte la sangre?

Solimán

Ellos mesmos
se arrojaron al peligro,
gloriosamente, adquiriendo
nueva vida con su fama:
y porque me creas, al Cielo
hago testigo, señora,
y a los hermosos luceros
de tus ojos, que no tuve
parte en su muerte, y que siento
su tragedia.

Princesa

Calla, aleve,
que no puede mi tormento
disimular esa falsa
piedad.

Solimán

Divino embeleso
de mi corazón, ¿por qué?

Princesa

Atrevido, desatento,
¿a mí me hablas de ese modo?,
¿sabes quién soy?

Solimán

Por lo mesmo
te adoro.

Princesa

Si das un paso
en mi ofensa, vive el Cielo
que a este puñal doy la vida.

Solimán — No hagas tal.

Princesa — Pues vete luego,
y déjame, o dame muerte,
si vienes con ese intento.

Solimán — Que nadie te ofenda, y darte
vida y libertad pretendo.

Princesa — De ti no admito otra cosa,
que la muerte que apetezco.

Solimán — Mi bien...

Princesa — Tente, no te acerques,
o el corazón me atravieso
con este áspid de metal.

Solimán — ¿Y es católico trofeo
de una cristiana esa acción?

Princesa — De un bárbaro defendiendo
mi amor, es heroico impulso.

Solimán — ¿En qué faltó mi respeto
a tu amor?

Princesa — En la traidora
cautela, que tus afectos
encubren para engañarme.

Solimán (Suspenso antes.) (Aparte.) — Pues no temas, que al supremo...
Alá juro, por tu Dios,
trino y uno (a quien venero)

supremo hacedor de cuanto
incluye en sí tierra y cielo,
que sea tu voluntad
árbitra de mis deseos:
y ya empeñado en librarte
contraviniendo al decreto
del Emperador; ¿qué quieres
que haga por ti?

Princesa — Si es pretexto
para burlarme, resuelta
tengo de morir primero,
que rendirme: aquí la muerte
quiero esperar por consuelo.

Solimán — Cuanto a engañarte, aunque turco
soy noble, soy caballero,
y también soy... Pero basta,
tú lo sabrás a su tiempo.
Y en cuanto a quedarte aquí
no puede ser, por el riesgo
de tu vida, y así elige
a tu arbitrio; y yo te ofrezco
perder la vida por ti,
o ábrase un rayo mi pecho.

Princesa
(Aparte y llora.) — (¡Eurinome desgraciada,
en buen estado te han puesto
tus desdichas!, inspiradme,
gran Dios, aquello que debo
ejecutar.)

Solimán — ¿Qué resuelves?

(Se queda suspensa y llora.)

Princesa

Admitir partido, siendo
de mi enemigo, es bajeza
del valor.

Solimán

No habrá remedio
si tardas.

Princesa (Aparte.)

(Por otra parte
nada con morir granjeo.)

Solimán

No temas, mira que está
tu vida en no perder tiempo.
¿Qué dices?

Princesa (Tierna.)

En tan deshecha
fortuna como me veo,
entre mi muerte y tu amparo,
si no hallan seguro puerto
en Candía mis desdichas
podrán reducirse a menos,
siguiendo entre mis parientes
la religión que profeso.

Solimán

Voy a prevenir tu embarco
con cautela; y mientras vuelvo
una escolta en guarda tuya
quedará.

Princesa

Páguete el Cielo
la piedad.

Solimán Yo haré que impidan,
tu peligro.

Princesa ¡Ah!, que le temo

Solimán A Dios.

Princesa ¿Que vendrás por mí?

Solimán En alas del pensamiento.
O si en sabiendo en Candía
que soy católico, ¡en premio
de esta fineza ostentase
menos airado su ceño!

(Vase.)

Princesa Infelice padre mío,
no me culpes si procedo
en esto contra tu gusto,
que al verme sin ti, ¿qué medios
pueden tomar mis desdichas
en tanto mal?

(Al paño, por el lado opuesto del que se fue Solimán, Salem: Turcos en lo alto del corredor, que van bajando al tablado, todos sable en mano.)

Salem Recorriendo
el palacio (antes que a él venga
con la Sultana el supremo
Mahomet), por ver si en él
algún infeliz encuentro
que haya librado la vida,
llegué hasta aquí, ¡más qué veo!,

aquí gente, hola, Soldados.

Uno ¿Qué nos mandas?

Salem Que cumpliendo...

Princesa ¿Otro susto?

Salem La real orden...

Princesa ¡Hay más penas!

Salem Al momento.

Princesa ¡Triste de mí!

Salem La deis muerte.

Princesa Valedme, sagrados Cielos.

Salem A esa cristiana infeliz.

Princesa ¿Qué intentas?

(Sale Hebraín y turcos a defenderla.)

Hebraín No harán, que tengo
orden de guardar su vida.

Salem ¿De quién?

Hebraín De quien puede hacerlo,
que es Solimán, nuestro gran
General.

Salem Por eso mesmo

(Va a herirla, y se detiene.)

ha de morir; pero no,
que es un divino portento
de hermosura, conducidla
a ser venturoso empleo
de Mahomet, porque es digno
de un monarca tan supremo.

Princesa Bárbaro, ¿en qué confianza
fundas tan infame intento?

Salem En la de que en ti y tu vida,
puedo mandar como dueño:
sin duda que Solimán
para sí la oculta: luego
la conducid: este acaso
me hace feliz, pues granjeo
del Emperador la gracia
contra Solimán; opuesto
me persigue: ven, mujer,
no te detengas.

Princesa Primero
sabré morir, que ir contigo.

Hebraín Y yo sabré defenderlo

Salem Matadle: tú no resistas,

(Riñen Hebraín, y su escolta con la de Salem y este toma del brazo a la Princesa, llevándola como con violencia y desprecio.)

pues ya eres mi esclava, y tengo
en ti dominio.

Princesa ¿Yo esclava?,
villano, ¿cómo tu aliento
tal pronuncia?

Salem Ven conmigo.

Hebraín (Riñendo.) Sin que me mates primero
no has de llevarla.

Salem Ya es mía.

Princesa (Aparte.) (Solimán, oh a qué mal tiempo
te ausentaste: suelta.)

Salem Calla,
o el corazón te atravieso.

Princesa Infame, no tu amenaza
me causa terror.

Salem Hoy tengo
de ser dichoso por ti.

Princesa (Aparte.) (Echó mi desdicha el resto.)

Salem Sígueme, o te hago pedazos
por Mahoma.

Princesa — Monstruo fiero,
el más impío y cruel
de los hombres, pues no puedo
por mí vengar este ultraje,
vénguense de ti los Cielos.

Acto segundo

La mutación será una vistosa marina de foro adentro, en el interior jardines, muchas naves con marineros y turcos en ellas; en una que vendrá de frente al muelle Mahomet, Sultana, Zaira y damas turcas: todos van desembarcando durante el 4, y marcha interpolada, a que acompañarán a la orquestra instrumentos de boca que habrá en las naves, y también desembarcando: vuelta al tablado en orden según desembarcan.

Música
Al Sol de Constantinopla,
que ilumina este horizonte,
saluden dulces candencias
deidad de mares y montes.

Voces
Mahomet y la Sultana
vivan eternas edades.

(Salva de cajas y clarines, y luego marcha.)

Música
Y en ecos marciales,
y en métricas voces
sus glorias aplaudan,
sus triunfos coronen.

Zaira
Ciñan su imperial diadema
más laureles que diamantes.

Mahomet
Ya bellísima Sultana
has logrado coronarte
señora del Negro Ponto.

Sultana
Ya los cristianos abaten
su orgullo a tus medias lunas.

Zaira
En hora feliz te aclamen
tus tropas (al ver que ocupas
estos jardines) triunfante.

Nise
Legad todas, y a sus pies
pidamos que nos ampare.

Mahomet
¿Qué es esto?

Zaira
El pueblo afligido,
que en voz de la mayor parte
de las cristianas, se acerca
repitiendo en dulces ayes...

Celia y Música
Clemencia, señor, y ostenta
con nosotros tus piedades.

Mahomet
No temas: cese el rigor,
y con decoro se traten
estas míseras cristianas
que de mi piedad se valen.

Princesa
Suelta traidor.

(Dentro ruido de espadas.)

Salem
Ven, cristiana.

Sultana
Aún dura el combate.

Nise
La Princesa es.

Salem
Quita.

Hebraín Aparta.

(Sale riñendo Salem, Hebraín y turcos en la disposición que acabó el primer acto, trayendo Salem asida a la Princesa del brazo.)

Salem Dadme vuestras reales plantas.

Mahomet Hermosa mujer, ¿qué es esto?

Salem Querer Hebraín quitarme
la gloria de presentaros
esta cristiana, a quien hace
mi esclava el logro de hallarla,
pues opuesto a mi dictamen
para Solimán la oculta:
y empeñado ya en el lance
de ofrecer a vuestros pies
su beldad (por ser tan grande
como se admira) a las armas
acudí.

Hebraín Que la guardase
mandó Solimán, porque él
atrevido y arrogante,
no se atreviese a su honor,
gran señor, porque a no hallarme
en guarda suya, no fueran
tan seguras sus lealtades.

Mahomet Sin duda que Solimán
para mí la ocultó, alarde
haciendo de una fineza
sin igual.

Salem
(Con desprecio.)

Llega a postrarte
a tu dueño.

Princesa

Aborreciendo
en ti el más abominable
mortal de la tierra, llego.

Salem

No importa.

Mahomet

Prodigio amable
es de hermosura. ¡Qué pena
para Solimán!

Zaira

Su traje
y rostro indican nobleza.

Princesa (Aparte.)

(¡Para esto, Cielos, guardasteis
mi vida infeliz!)

Mahomet

¿Quién eres?

Princesa

Una cautiva que abate
la fortuna a la inhumana
esclavitud en que yace.

Mahomet

¡Divina mujer!, levanta
del suelo, con tus pesares
haciendo treguas; suspende
el llanto.

Princesa

No será fácil
al verme desamparada,
huérfana y esclava, que halle

consuelo, pues he perdido
en el sangriento combate,
padre, hermanos, libertad,
grandeza, honor y carácter.

Sultana ¿Pues quién eres?

Princesa Eurinome,
infeliz hija del grande
Pelealogo, general
Caudillo, Príncipe y padre
del Negro Ponto: este alcázar
era el suyo: aquí triunfante
vivió y murió, pues en él
derramó su noble sangre.

Mahomet Princesa eres, y no esclava:
aquello que tú mandares,
se ejecute; y por que veas
el digno aprecio que hace
mi real persona de ti;
Hebraín, ¿serán capaces
para serrallo esos dos
edificios confinantes
a Palacio?

Hebraín Sí señor.

Mahomet Pues como guarda y alcaide
de él, y sus jardines, manda
disponerla otro hospedaje
igual al de la Sultana;
y, pena de muerte, nadie
a su recinto se atreva

sin orden mía.

Hebraín
Está bien.

Sultana (Aparte.)
(Tales
extremos mas de pasión,
que de compasivo nacen.)

Mahomet
Escúchame, hermana Zaira,
no de su lado te apartes,
facilítala consuelo,
y entre músicas y bailes
divertida, esas cristianas
la sirvan y la acompañen.

Zaira
Tanto me obligan sus penas,
que haré poco en agradarte.

Princesa
Solo ese alivio pudiera
hacer feliz el desaire
de mi contraria fortuna.

Mahomet
¿Qué premios serán capaces,
Solimán, a esta ventura?,
ven, que quiero acompañarte
al real aposentamiento
que te espera.

Princesa
Eso es tratarme
como a esclava, gran señor,
pues el querer ensalzarme
tanto, con las honras vuestras
nueva esclavitud me añade.

Sultana — Y a mí el terrible martirio
de padecer este ultraje.

(La toman de la mano Mahomet y Zaira.)

Mahomet — Cantad todas.

Zaira — Ven, cristiana

Mahomet (Aparte.) — (Amor, si logro ver fácil
este divino imposible
a mi ruego, en tus altares
sacrificaré holocaustos.)

Princesa — ¿Quién resistirá el combate
de un enemigo tan fiero
que consiga con piedades?

Música — Y en ecos marciales,
y en métricas voces,
sus glorias aplaudan,
sus triunfos coronen.

(Vanse Mahomet, Zaira, la Princesa y cristianos.)

Sultana — ¡Sin hacer caso de mí
se ausentó!, ¿cómo el esmalte
regio de mi Majestad,
consiento que se profane
de este modo (de ira tiemblo),
sin que el pecho en huracanes
de incendios (muero al decirlo)
le destruya?

Salem ¡Sin mostrarse
agradecido se fue!

Sultana Tal oprobio...

Salem Tal desaire...

Sultana ¡Merece mi amor!

Salem Merece
mi lealtad, que le complace
con tanto exceso?

Sultana ¡Ultrajado
mi honor y mis vanidades!

Salem Mas no soy Salem, ¿quién manda
tanto lunado estandarte?

Sultana ¿Mas no soy yo la Sultana
a quien idolatra afable
todo el Imperio Otomano?

Salem Pues a vengarme:

Sultana A vengarme:
retiraos todas: Salem,
(Vanse las damas.) aunque pudiera quejarme
de ti, porque has sido causa
de que esa cristiana infame
mi soberanía exponga
(rabiando estoy de coraje)
a este baldón, no he de hacerlo,
porque para que se ataje

daño tan ejecutivo
de ti pienso aconsejarme.

Salem — Yo, señora, la conduje,
creyendo que la igualase
en la estimación, a cuantas
hermosuras de su clase
trae en su serrallo, no
para que así la ensalzase.

Sultana — ¿Qué me aconsejas a vista
de tan conocido ultraje?

Salem — ¿Qué?, a gran daño, gran remedio.

Sultana — ¡Qué remedio habrá que baste!

Salem — Yo lo sé.

Sultana — Dile.

Salem — Es impío.

Sultana — Que lo sea.

Salem — Es formidable.

Sultana — No importa.

Salem — Es fiero.

Sultana — No temas.

Salem — Pues es...

Sultana — No te turbes.

Salem — Darle
la muerte...

Sultana — ¿A quién, a mi esposo?

Salem — A esa esclava vil, que abate,
y desluce tu grandeza.

Sultana — Como yo logre vengarme
de esta enemiga, yo haré
tu nombre eterno con darte...

Salem — ¿Qué, gran señora?

Sultana — La muerte,
para que nunca declares
mi intención.

Salem — ¿Qué me darás?

Sultana — El premio de tus lealtades.

(Salón corto: sale Hebraín deteniendo a Solimán.)

Hebraín — Tente, Solimán.

Solimán — No impidas
que mi despecho inhumano
me acabe: después que dejo
asegurado el embarco
de la Princesa, y que vuelvo

en busca suya a palacio,
hallo en él a Mahomet,
¡y ella en su poder!, sagrados
cielos acabad mi vida,
aborte la tierra un rayo
que mi corazón destruya,
habiéndome despojado
el mayor bien, pues él solo
era más digno que cuantos
triunfos, aplausos y gloria,
mi fama me ha coronado.

Hebraín Repórtate.

Solimán Cómo ¿es fácil?
si el incendio en que me abraso
apenas en desalientos
permite voces al labio;
¡Oh Princesa desgraciada!,
¿de qué te sirvió el amparo
que te ofrecí?, ¡ah vil Salem!,
el más fiero y más tirano
de los hombres, ¡que me usurpas
la gloria de un bien tan alto!,
teme, fementido, aleve,
mi furor: teme el estrago
de mi enojo, que te busca
para vengar este agravio.

Hebraín Eso sí, muera Salem,
pues te ofende; pero en tanto
dime, ¿tu honor y tu amor
han de quedar desairados?

Solimán ¿Desairado mi amor?

Hebraín Sí,
y tu honor; que si le has dado
palabra a Eurinome bella
de libertarla, lo airado
no te saca del empeño.

Solimán ¿Pues qué haré?

Hebraín Pensar bizarro
como amante y caballero
libertarla.

Solimán Sigue mis pasos.

(Suspéndese un poco.)

Hebraín ¿Dónde vas?

Solimán A embarcar hoy
a Eurinome: a hacer pedazos
cuantos quieran impedirlo,
y a pegar fuego al palacio
en que está.

Hebraín ¿No consideras
que una vez que es el serrallo
su esfera, pierde la vida
quien se atreve a profanarlo?

Solimán ¿Qué importa perderla?

Hebraín Mucho,

si no consigues el lauro
de servirla con perderla.

Solimán

¿Pues qué he de hacer si a lo osado
y valiente, y a lo fiero
y vengativo hay reparo?

Hebraín

Esperar que Zaira hermosa,
a quien ella ha confiado
el secreto, proporcione
a mi ruego, y a su llanto
que esta noche..., más aquí
llega Mahomet, tu mano
es árbitra de sus gracias:
por el triunfo, que hoy le has dado,
pide a Eurinome rendido,
que él te la dará bizarro;
y a Dios, que yo voy a verla.

(Vase.)

(Sale Mahomet con guardias.)

Mahomet

A mi esposa voy buscando.

Solimán

¡Gran señor!

Mahomet

¡Pero qué miro!,
¡Solimán!, llega a mis brazos:
atlante de mi corona
pide grandezas y cargos
honrosos, que cuanto pidas
te daré.

Solimán (Aparte.) (Yo me declaro:
pues ya que vuestra grandeza
tanto me honra (aunque no alcanzo
el motivo) una merced
pido a vuestros pies postrado
por trofeo de mis triunfos,
pues ella basta a premiarlos;
y es que me deis...)

Mahomet ¿A mi hermana?

Solimán No aspiro a premio tan alto.

Mahomet Pues aun ella fuera poco
precio, según lo obligado,
me tienes.

Solimán Logré mi dicha.

Mahomet ¿Qué dudas?

Solimán Temo enojaros.

Mahomet Más que me pidas te ofrezco.

Solimán Pues es, señor...

Mahomet Cierra el labio:
que no quiero que te cueste
el rubor de pronunciarlo.
¿Querrás mandar en mi nombre
todo el Imperio Otomano?
¿Querrás mi sello real,
para que todo el despacho

corra por ti, dando empleos,
y siendo otro yo en el mando?,
pues todo te lo concedo.
¿Quieres más?

Solimán

No pido tanto:
lo que quiero es que me des...

Mahomet

¿Puerta franca en el serrallo,
que de todas mis grandezas
es el don más soberano?,
pues la tienes.

Solimán (Aparte.)

(Ya embarcarla
podré así: vivas los años
del fénix, que se eterniza
en su hoguera.)

Mahomet

Mas te encargo,
que los dos alojamientos
que ocupan con regio ornato
la Sultana y la cristiana
Princesa esclava, que hoy gano
por ti, (pues tú la ocultaste
para mí) son reservados
a mi grandeza; y pues ves
que a ser otro yo te ensalzo,
sabe que solo estas dos
prendas del alma idolatro.

(Vase.)

Solimán

Qué importa, si más que valen
tus grandezas me has quitado:

¡a Eurinome adora, Cielos!,
llegó mi amor a su ocaso
más funesto, y mi esperanza,
y a soplos del cierzo infausto
de los celos, murió triste.

(Sale Hebraín.)

Hebraín ¡Solimán!

Solimán Ya son en vano
tus consuelos: Mahomet
adora a Eurinome; ufano
de su amor, cetro y anillo
imperial pone en mi mano,
y aun mi muerte, que es más cierto.

Hebraín No temas, pues ya, amparado,
de la noche, has conseguido,
que en el jardín esperando
estén Zaira y Eurinome,
a que llegues recatado
conmigo a hablarlas.

Solimán ¿Qué dices?

Hebraín Que allí hablaremos despacio,
cuanto importare.

Solimán ¿Y tu riesgo?

Hebraín Con tu amistad no reparo
en riesgos.

Solimán ¡Noche funesta
sé propicia a un desdichado!

(Vanse.)

(Jardín corto con rejas al frente, puerta en medio, Mahomet, Zaira, Eurinome, y damas cristianas.)

Mahomet Cautiva de tu divina
hermosura vive el alma;
y en canje de ella te ofrezco
todo mi imperio.

Princesa Obligada
(pero no amante) agradezco
vuestras honras.

Mahomet Mi esperanza
a costa de rendimientos
sabrá coronarse ufana
de la dicha que apetece.

Princesa (Aparte.) (Por mi ley, mi honor y fama
moriré primero.)

Zaira Hermano,
las acciones más hidalgas
pierden el blasón de nobles
si el vil interés las aja.

Mahomet Ay Zaira, que es mucho incendio
el que el corazón abrasa.

Zaira Pues déjale al tiempo.

Mahomet De él
y de ti fían mis ansías
su alivio; yo me retiro:
gozad la florida estancia
(A la Princesa.) de estos pensiles; y tú
o restitúyeme el alma,
o no hechices con tus ojos,
o templa esta activa llama.

(Vase.)

Sultana ¡Qué oigo, cielos!

Princesa Mal podré.

Zaira Esperemos a la entrada
del jardín a Solimán.

Princesa Su amparo, y tu amor me valgan.

(Vanse.)

(Sale la Sultana, se va oscureciendo el teatro, pasando la Luna entre nubes.)

Sultana ¿Qué tengo que esperar?, ya mis recelos
viles ofensas son; muera esta esclava,
que es motivo de ajar a mi grandeza
el luciente esplendor con que brillaba.
Buena ocasión es esta, hacia su cuarto
por aquí ha de pasar: si entre estas ramas
por aquí ha de pasar: si entre estas ramas
cautelosa que encubro, no aventuro

ni aun ser conocida.

(Solimán y Hebraín por la puerta de las rejas.)

Hebraín — Ya la estancia
ocupas del jardín: en este sitio
a que lleguen espera.

(Vase.)

Solimán — ¡Oh si embarcarla
esta noche pudiera, dando al viento
por último consuelo mi esperanza!

Sultana — Pasos siento.

Solimán — Sin duda es Eurinome
la que hacia mí se acerca: albricias alma.
Idolatrado dueño de mi vida,
ya es mi suerte dichosa, ya mis ansias
respiran parabienes, pues tu vista
trueca en serenidades la borrasca.

Sultana — ¿Si sabrá Solimán, que habla conmigo?

Solimán — Y pues tuya es mi vida...

Sultana — ¿Con quién hablas?

Solimán (Aparte.) — (¡Esta no es Eurinome!)

Sultana — ¿Me conoces?

Solimán (Aparte.) — (¡Infelice de mí, que es la Sultana!)

Sultana ¿Sabes quién soy?

Solimán (Aparte.) (Si digo que Eurinome
arrastra mis afectos, irritada
se venga de los dos.)

Sultana ¿Por qué enmudeces
mal vasallo, traidor?, ¿así profanas
de mi soberanía los respetos
y el honor de mi esposo?

Solimán (Aparte.) (Ni aun palabras
encuentro en mi disculpa: yo estoy muerto.)

Sultana ¿Tú a mi augusta grandeza?, ¡tú con alas
de cera al mismo Sol!, vivo yo misma
que Mahomet castigue tu arrogancia.

Solimán Esto ha de ser: perdona, que mi afecto
cansado de mirar nada repara.

Sultana ¿Qué dices?

Solimán Que soy clicie de tus rayos;
y amor, y tu hermosura es quien me arrastra.

Sultana Loco, traidor, villano...

Solimán ¡Oh a qué riesgo
me llegó a conducir mi suerte infausta!

Sultana ¿No sabes lo sagrado de este sitio?

Solimán
El tuyo es superior, me avasalla
mi amor a profanarle.

Sultana
¿Cuántas muertes
merece tu delito?

Solimán
No me atajan:
yo reprimí constante mis afectos;
si una noble pasión por ti me mata,
morir quiero gustoso, con que sepas
que es el morir por ti gloriosa hazaña:
y así a tus pies estoy, premia o castiga.
(Aparte.) (Ay Mahomet invicto, no te agravia
mi amor en lo que finjo.)

Sultana (Aparte.)
(Si esto es cierto,
mi esposo me ha ofendido, este me ensalza:
altivo pundonor, ya no eres mío;
amor, envidia y celos me avasallan,
que siendo de mujer viles afectos
cerca están de abatir lo soberana.)

Solimán
¿Muero, señora o vivo?

Sultana (Aparte.)
(Del imperio
es la noble columna y mejor basa
después de Mahomet. Alza del suelo,
y dame una señal de la constancia
del amor que publicas que me tienes,
que estando mi grandeza asegurada
de tu lealtad, acaso más benigna
oiré tus finezas.)

Solimán
¿Qué más clara

señal que publicar la pasion mía?,
en lo demás dispón, ordena y manda
que mate, que destruya, que aniquile,
que venza, que conquiste, y que a tus plantas
el mundo ponga. Salga de este empeño
que yo enmendaré el yerro.

Sultana
Pues si me amas
pienso hacerte feliz; mas ruido siento,
hacia aquí te retira.

Solimán
Estoy sin alma.

(Se retira al lado oculto, y por el opuesto sale Eurinome y Zaira.)

Zaira
Aquí dijo, Hebraín, bella Eurinome,
que Solimán te espera.

Princesa
A darle gracias
de la noble intención de libertarme
me lleva mi cuidado.

Zaira
Y no te agradan
sus prendas generosas?

Princesa
Es opuesta
a mi ley, la que sigue.

Zaira
La Sultana.

(Se encuentran.)

Princesa
Señora, ¿vos aquí?

Sultana
¿Qué atrevimiento
(cuando el jardín ocupo) te adelanta
a embarazarme en él?

Princesa
¿Sabía acaso
que en su esfera estáis vos?

Zaira
Una ignorancia
no es culpa.

Sultana
Es osadía: idos al punto.

Princesa
Antes quiero saber por qué me tratas
con tal rigor.

Sultana
Si estar favorecida
te influye vanidad, mísera esclava,
yo abatiré tu orgullo.

Princesa
Esos favores
ni alientan mi altivez, ni la contrastan:
la virtud es mi norte y mi nobleza;
ni a vos, y siendo quien sois, cede ventaja.

Sultana
Necia cristiana infame, ¿a mí te atreves?

Princesa
Mi grandeza mayor, es ser cristiana.

Zaira
Sin motivo la insultas, y pudieras
ver que viene conmigo, y que la ampara
mi poder.

Sultana
¿Qué la sirve, si es el mío
quien puede destruirla?

Zaira Soy hermana
de Mahomet.

Sultana Ni él mismo si me irrita
me puede competir.

Zaira (Aparte.) (¡Ciega arrogancia!)

Sultana Idos.

Zaira Ven Eurinome.

(Llega la Sultana donde se oculta Solimán, le toma de la mano, y se va con él. Y al entrarse por el lado opuesto la Princesa y Zaira encuentran a Hebraín.)

Sultana (Aparte.) (Ea despecho)
(A Solimán.) ahora te he menester: sígueme.

Solimán El alma
solo aspira a servirte.

(Vase.)

Hebraín Zaira hermosa
¿hallaste a Solimán?

Zaira A la Sultana
solo hemos encontrado.

Hebraín Si le ha visto,
es su desdicha cierta.

Princesa — Y mi desgracia.

Hebraín — Retírate a tu cuarto, iré a buscarle.

Zaira — Sácale del jardín, porque si le halla,
todo el logro se arriesga.

Princesa — ¡Fiero susto!

(Vanse.)

(Salón corto. La Sultana trae a Solimán de la mano: Sisema y Meledora con luces, otra con ropa talar doblada en una bandeja que pone sobre una mesa.)

Sultana — Nadie nos oye, escucha.

(Hace seña la Sultana a las criadas que se vayan.)

Solimán — ¿Qué me mandas?
de mármol soy.

Sultana — Si mi favor consigues,
¿qué empresa harás por mí?

Solimán — La más extraña
y difícil.

Sultana — Repara en lo que ofreces.

Solimán — A crédito con obras mis palabras.

Sultana — ¿Y si te causa asombro?

Solimán ¿Se dirige
a la gloriosa vida, o a la fama
de Mahomet?, que entonces no me atrevo
ni a ser falso traidor contra la patria.

Sultana ¿Si en el honor le ofendes qué más muerte?

Solimán Es delito de amor, y esotro infamia.

Sultana No es uno, ni otro.

Solimán Pues a todo trance
dispón de mi valor, vida y espada.

Sultana ¿Me guardarás secreto?

Solimán ¿Eso preguntas?

Sultana (Se le da.) Pues toma ese puñal.

Solimán ¿De furia armada
qué intentas?

Sultana Jura hacer lo que te mando.

Solimán Por Alá juro hacerlo; y para...

Sultana Basta:
no me obligan amantes expresiones
sino acciones, y empresas temerarias:
esta ropa te viste, con que puedas
cautelar tu persona disfrazada
si te hallan en la acción: entra en el cuarto
de esa cristiana infame, vil, esclava,

Eurinome.

Solimán ¿Qué dices?

Sultana Que a este acero
vierta su aleve sangre.

Solimán ¿Por qué causa
sacrifica, señora, esa inocente
víctima tu rigor?

Sultana Porque me agravia.

Solimán Se advierte...

Sultana No repliques.

Solimán ¿Qué trofeo
consigue mi valor con una hazaña
tan fiera?

Sultana Ser feliz.

Solimán ¿En qué te ofende
esa humilde Princesa?

Sultana En ser amada
de quien burla mi amor.

Solimán Piensa otro medio
menos cruel.

Sultana Su muerte: entra a matarla.

Solimán Objeto aborrecido aun de ti misma
seré, si tal emprendo.

Sultana ¿Te acobardas?

Solimán Me lastima su estrago.

Sultana Eres villano,
engañoso, traidor, pues te retratas
de cumplir lo que juras; tu cariño
es fingido y aleve; y pues me engañas,
luego que este puñal pase su pecho
le teñiré en tu sangre. Para nada
necesito tu auxilio; por mí sola
ha de lograr resuelta mi venganza
en ella, y en ti mismo.

(Quiere quitarle el puñal, y él lo resiste.)

Solimán Considera...

Sultana En vano me persuades. Ya empeñada
en su muerte.

Solimán (Aparte.) (La industria ha de valerme,
¿que en fin estás resuelta?)

Sultana Sí.

Solimán Tu saña
alienta mi crueldad: muera Eurinome:
(Aparte.) (de este modo la libro).

Sultana Esa cristiana

fallezca: entra en su cuarto, que en alguno
de los regios salones de su estancia
la hallarás.

Solimán — Vierta en él su infame sangre.

Sultana — Entre congojas y mortales ansias
rinda el último aliento.

Solimán — Mis furores
sienten mal reprimidos lo que tardan.

Sultana — Aquí te espero.

Solimán — En mi valor confía.

Sultana — Pues confía en que es tuya vida y alma.

Solimán (Aparte.) — (Cielos, dadme favor para el acierto,
o mi vida acabad.)

Sultana — Celos, al arma,
y a prevenir industrias; y si intenta
vengarse Mahomet, muera a mi rabia.

(Vase cada uno por su lado llevándose Solimán la ropa talar y el puñal. Mutación de galería iluminada, y sale la Princesa, Zaira, damas cristianas, y cantan.)

Música — Entre glorias y aplausos,
glorias y dichas
una esclava Princesa
llora cautiva.

Zaira

Ya estamos en tu cuarto
respira y cobra aliento,
Eurinome.

Princesa

Señora
tu piedad agradezco.

Zaira

Canta Nise, y sus penas
divierte.

Nise

Ya obedezco.

Zaira

Mientras paso a mi cuarto
divertidla.

Princesa

Yo os ruego
que no me dejéis sola.

Zaira

¿Pues qué temes?

Princesa

Mi riesgo
del amor de tu hermano,
del irritado ceño
de su esposa, y del hado
que me amenaza fiero.

Zaira

Con mi favor es vana
cobardía el recelo.

(Sale Celia.)

Celia (Dice a Zaira.)

Mahomet en tu cuarto
te espera.

Zaira Luego vuelvo
a hacerte compañía.

Princesa Idla todas sirviendo.

(Vanse Zaira y las damas.)

Infeliz Eurinome,
en tantos sentimientos
como te oprimen juntos
¿quién te dará consuelo?,
¡yo ayer del Negro Ponto
Princesa, y hoy me veo
sin padre, estado, hermanos,
y en triste cautiverio!,
¡yo esclava!, que aunque dore
del eslabón los hierros
de un infiel las promesas,
es bárbaro, y le temo.
Apasionado ruega,
morir resuelta espero,
si a lo supremo junta
presunciones de dueño.

(Solimán al paño, con la ropa puesta, una banda en el rostro.)

Solimán Sin ser visto de nadie
de esta banda encubierto,
hallé a mi bien perdido;
quiero escucharla.

Princesa Cielos,
¿si encontró la Sultana
a Solimán?, ¿si es cierto

que le halló, y moriría
a sus iras?

(Sale Solimán.)

Solimán
No ha muerto.

Princesa
¡Ay de mí!

Solimán
¿Qué te turba?

Princesa
No sé al verte, qué temo.

Solimán
Vivo estoy, dueño mío,
tan rendido, y atento
como siempre, a tus aras
tributando respetos.
¿Cómo estás?

Princesa
Afligida;
¿y tú?

Solimán
De sentimientos
(que ya son alegrías
con tu vista) muriendo.

Princesa
¿Cómo a entrar te atreviste
a esta estancia, sabiendo
que tu vida peligra?,
no el venir encubierto,
ni el disfraz cauteloso
te indulta del severo
castigo, a que te expones.

Solimán — No temas.

Princesa — Vete presto,
señor que hay cobardías
nobles, si los esfuerzos
el pundonor informan.

Solimán — Escúchame primero:
prevenido tu embarco...

Princesa — Ya lo sé.

Solimán — Cuando vuelvo
por ti a palacio, te hallo...

Princesa (Llora.) — En poder de otro dueño.

Solimán — Que amante te idolatra.

Princesa (Exclamando.) — ¡Qué pena!

Solimán — ¡Qué tormento!

Princesa — Salem, presa y cautiva
me trajo.

Solimán — Vive el Cielo
que ha de pagar su osado
infame atrevimiento.
¿Tú cautiva?

Princesa — Y esclava.

Solimán ¿Tú esclava?

Princesa Sin consuelo.

Solimán ¿Tú ajena?

Princesa Harto lo lloro.

Solimán ¿Tú expuesta?

Princesa Y sin remedio.
(Acelerada.) Vete por Dios, que Zaira
compasiva a mi ruego
dispondrá, que otra noche
en el jardín hablemos.

Solimán Ay mi bien, que no sabes
lo bárbaro, y lo fiero
de mi ingrata fortuna.

Princesa Si sé tal: mas tu riesgo
me causa sobresalto:
vete por Dios.

Solimán No puedo.

Princesa ¿No puedes?

Solimán Considera
cuál será mi tormento
muriendo de no verte,
y de verte muriendo.

Princesa No sientas ausentarte

para volver a vernos.

Solimán

No es posible, bien mío.

Princesa

Me dejas (¡piedad Cielos!)
Sin llevarme a Candía?

Solimán

Yo moriré sin verlo.

Princesa

¿Qué dices?

Solimán

Que es preciso.

Princesa

Habla claro.

Solimán

Primero
medítame en tu idea
el hombre más perverso,
el más abominable,
el más bárbaro, y sangriento
de cuantos en la historia
se acreditan de fieros.

Princesa

Fuera agraviar tu noble
espíritu, a quien debo
vivir agradecida.

Solimán

¿De qué, cuando te ofendo?

Princesa

Con la duda me matas.

Solimán

Pues sabe... a hablar no acierto.

Princesa

¡Oh qué de confusiones

perturban mi sosiego!

Solimán
Que cuando tú discurres
que me traen mis afectos
a verte, no es a verte.

Princesa
¿Pues que fin, o pretexto
te trae?

Solimán
No sé.

Princesa
Responde.

Solimán
No puedo hablar.

Princesa
Yo quiero
saberlo.

Solimán
Pues...

Princesa
Prosigue.

Solimán
Vengo a matarte.

Princesa
¡Cielos!,
¿tú a matarme?

(Con ternura desde aquí.)

Solimán
Un tirano
impulso a tal despecho
me conduce a tu vista.

Princesa

(De rodillas.) Pues dime, ¿en qué te ofendo?

Solimán
Mis ansias te respondan;
este traje funesto,
cautela es atrevida,
que este villano acero...

Princesa
¡Qué bárbaro delirio!

Solimán
Vibra contra tu pecho.

Princesa
Dios sabe mi inocencia,
él me dará consuelo.

Solimán
Por ti hablé a la Sultana
cariñoso.

Princesa
¡Oh qué yerro!,
¿te vio al fin?

Solimán
Sí.

Princesa
No extraño
las crueldades que temo.

Solimán
Mi desdicha lo quiso.

Princesa
Y mi destino adverso,

Los dos
¡Oh noche desgraciada!

Solimán
Al verme en tal empeño...

Princesa
¿Qué hiciste?

Solimán — Fue preciso
buscar del mal el menos;
fingí que era su amante...

Princesa — ¿Y lo creyó?

Solimán — Tan cierto,
que a costa de tu vida
quiere probar mi afecto.

Princesa — ¿Qué la obliga a matarme?

Solimán — Tu hermosura, y sus celos;
¿celos dije?, no es mucho;
y también los padezco,
y también te matara
a saber que eran ciertos.

Princesa — Si eso es lo que te aflige
con cumplir el decreto
evitas tu peligro.

Solimán — ¿No encuentras otro medio?

Princesa — No hay medio en mis desdichas
y el único remedio
es mi muerte.

Solimán — ¿Y no hay otro?

Princesa — No le hallo.

Solimán — Yo le tengo.

Princesa ¿Cuál es?

Solimán ¿Qué me preguntas,
si sabes que te quiero?

Princesa ¿Qué importa que yo muera
como tú vivas?

Solimán Eso
cabe en tu regia sangre,
y no en mi heroico esfuerzo.

Princesa Complace a la Sultana:
a mi inocente pecho
dirige el golpe.

Solimán Calla;
que ya a tanto tormento
no hay valor que resista.

Princesa Ni en tal tormenta hay puerto.

Solimán ¡Qué pena!

Princesa ¡Qué martirio!

Solimán A Dios.

(Hace que se va, y le detiene.)

Princesa No del consuelo
me prives de tu vista:
mátame a mí, primero

que dejarme en tan triste
penoso cautiverio.
Huyamos.

Solimán En espera
del lance está en acecho
la Sultana, y la fuga
apresura tu riesgo.

Princesa ¿Y el tu yo?

Solimán Es evidente
si con vida te dejo.

Princesa ¿Pues qué intentas?

Solimán Mi muerte.

Princesa Es inhumano arresto.

Solimán ¡Sin mí estoy!

Princesa ¡Yo sin alma!

Solimán Ea noble ardimiento,
(Saca el puñal.) de valor arma el brazo.

Princesa ¿Qué es lo que haces?

Solimán Muriendo,
darte a ti vida.

Princesa Advierte.

Solimán
Si te adoro y te pierdo,
¿qué he de advertir?

Princesa
El golpe
mortal detén.

(Al tiempo de querer herirse con el puñal Solimán, le detiene el brazo la Princesa. Sale Mahomet y Soldados a espaldas de Solimán, quien saca el sable, y riñe con los Soldados sin ver a Mahomet, que discurre que la acción es herir a la Princesa, según la disposición en que la mira, y deberán estar los dos criados con hachas encendidas.)

Mahomet
¿Qué es esto?
Matadle.

(Acometen a Solimán.)

Princesa
¡Ay de mí triste!

(Repara en Mahomet.)

Solimán
(Se defiende.)
Nadie habrá tan resuelto
que a mi furor airado
se oponga.

Princesa
Yo fallezco.

(Cae desmayada en los brazos de Mahomet, y la detiene al caer.)

Mahomet
Bárbaro, ¿qué pretendes?,
¿pero qué es lo que veo?

Solimán
¿Tú eres señor?, apenas

respiro en desalientos.

(Por el lado que Mahomet, sale Zaira acelerada, y damas que toman en sus brazos a la Princesa de los de Mahomet.)

Zaira
Hermano ¿qué te altera?,
¿tú airado?, pero cielos,
¿para qué lo pregunto?
¿quién lance tan funesto
ocasiona?

Mahomet
Ese ingrato,
y este infeliz portento.

Zaira
¿Eurinome?

Solimán
A tus plantas
rindo vida y acero.

Mahomet
Disfrazado homicida,
loco, bárbaro, ciego,
inhumano, atrevido
en profanar el regio
alcázar prohibido,
¿por qué altivo y soberbio,
tan execrable golpe
fulminabas?

Solimán
¡Yo muero!

Princesa
Detén el brazo, aguarda

(Vuelve.)

suspende el golpe fiero.

Zaira Libre estás, nada temas.

Princesa (Aparte.) (No es mi mal el que temo.)

Mahomet Habla, traidor.

Solimán La muerte
dame si la merezco;
pero no me baldones,
pues sé que no te ofendo.

Mahomet ¿No es ofenderme, aleve,
cuando parto mi imperio
contigo, el brazo infame
esgrimir contra el pecho
de la que más adoro?,
hola, llevadle preso.

Zaira Si Solimán la estima,
¡cómo cabe en su afecto
delito tan enorme!

Princesa Señor, mira primero...

Zaira Advierte...

Princesa Considera...

Mahomet No interpongas tu ruego
compasiva, Eurinome,
que si es en ti trofeo,
perdonar el delito,

a mi decoro regio
le toca castigarlo;
y por Alá supremo,
el Sol que ilumina,
por tu divino cielo,
y por Mahoma juro
que ha de ser escarmiento
en un suplicio, dando
a un verdugo su cuello.

Princesa — Mira, que no te ofende.

Mahomet — A ti sí, que es lo mesmo:
llevadle.

Solimán — Aun con la muerte
(si es más muerte, que celos)
no acabarán mis penas.

Princesa — En tanto desconsuelo...

Zaira — En tan confusa duda...

Solimán — En lancé tan funesto...

Mahomet — En tan aleve insulto...

Los cuatro — Pues no hay otro remedio...

Zaira — El Cielo abra camino...

(Vase.)

Mahomet — Venganza, amor supremo...

(Vase.)

Solimán — Para morir callando...

Princesa — Para vivir muriendo...

Los dos — Cielos, dadme paciencia,
constancia y sufrimiento.

Acto tercero

Mutación de salón corto. Sale la Sultana presurosa, como sobresaltada.

Sultana — Entre el susto y la congoja,
que mi corazón asalta,
en vano busco sosiego.
Hola, Sisema.

(Sale Sisema.)

Sisema — ¿Qué mandas?

Sultana — ¿Meledora?

(Sale Meledora.)

Meledora — Gran señora,
¿qué ordenas?

Sultana — Ha de mi guardia:
(Aparte.) (¡Cercada de sobresaltos
no sé qué recela el alma!
¿Avisaron ya a Salem?,
¿no ha venido?, ¿cómo tarda
a mis mandatos?)

Sisema — Ya llega.

(Sale Salem.)

Salem — Gran señora, a vuestras plantas
está pronta mi obediencia.

Sultana

No te detengas: ¿qué aguardas?,
ejecuta lo que mando.

Salem

Si no me has mandado nada,
¿qué he de hacer?

Sultana

¿Pues no te he dicho
que pongas sobre las armas
el ejército: que cerques
el serallo; y que las guardias
dobles en mi cuarto?

Salem

No:
pero para tan extraña
novedad, ¿qué causa tienes?

Sultana

La mayor: ya esa cristiana
es trofeo de mi enojo
sañudo: ya estoy vengada
del desprecio de mi esposo.

Salem

¿La has muerto?

Sultana

Determinada
iba a ejecutarlo, a tiempo
que Solimán la venganza
tomó por su cuenta, entró
en su cuarto; y ya lograda
la acción (sin duda) el Serrallo
se conmueve; tropa armada
acude, y también mi esposo,
quien jura, que en una plaza
ha de morir; abatido
en dura prisión aguarda

que un verdugo la cabeza
divida de su garganta.

Salem ¿Y con esas prevenciones
qué consigues?

Sultana Que persuadas
al ejército y al pueblo,
a que tome la demanda
por mí y por él, tumultuado,
pretextando que él los manda,
y que por su General,
les toca sacar la cara.

Salem Señora, aunque es mi contrario
Solimán, verás lograda
tu intención.

Sultana Pues a la empresa,
y mira que en la tardanza,
se aventura el lance.

Salem Amigos,
por mí Solimán os manda
que en defensa de su vida,
que injusta muerte amenaza
en un infame suplicio,
armados de furia y saña,
por General victorioso
le aclaméis.

Sultana Y a la Sultana,
por vuestra gloriosa augusta
protectora soberana.

Los dos Viva Solimán, Soldados.

(Vanse.)

Voces (Dentro.) Viva, y pase la palabra.

(Salón corto: dosel en medio con silla dorada. Sale Mahomet, comparsa de Soldados, y luego Hebraín. Insignias imperiales, sobre la mesa.)

Mahomet ¡Cuánto desvela un cuidado!

Hebraín Cumpliendo con lo que ordenas
una escolta a Solimán
conduce ya a tu presencia.

Mahomet (Aparte.) (Que llegue; y pues Eurinome
dice, que sin darle audiencia
no se ejecute el castigo,
por mí, por él, y por ella
le oiré.)

(Se sienta, habiendo formado la guardia a los lados del trono, y sacan algunos turcos sable en mano a Solimán con prisiones, habiéndose puesto las insignias.)

Solimán A tus pies estoy.

Mahomet Levanta.

Solimán (Aparte.) (Mi muerte es cierta.)

Mahomet ¿Sabes quién soy?

Solimán Sí señor;

pues sois la suma grandeza
del mundo: el gran Mahomet,
la majestad más suprema,
el monarca más piadoso,
y más benigno que encierra
el universo.

Mahomet — Más soy.

Solimán — Numerar tus excelencias
no es posible, porque todas
son tan grandes, como inmensas,

Mahomet — También soy, quien justiciero
sabe esgrimir la sangrienta
espada del rigor, dando
castigo a cuantos pretendan
enojarme, y...

(Se levanta empuñando el sable, y Solimán se postra a sus pies de rodillas.)

Solimán — A vuestros pies
tenéis, señor, mi cabeza.

Mahomet (Aparte.) — (Presto lo estará: mas quiero
valerme de la prudencia:
¿y tú quién eres?)

Solimán — Si atiendo
a lo que soy, la más fiera
criatura; el más infeliz
vasallo tuyo, en la ciega
idea de haber perdido

tu gracia; pero antes era
noble objeto de tu gusto;
pues de honores y grandezas
adornado, me igualaste
casi a tu persona regia.

Mahomet

Pues si esto soy, y eso has sido,
¿qué temeridad te ciega
a ser lo que dices que eres?,
ingrato, ¿no te avergüenzas
de pagar tantos favores
como te hice, con ofensas?,
sabes que puse los ojos
y el alma en una belleza,
que vale más que el imperio
que casi te he dado; y ciega
tu osadía, ¿el vil acero
vibra contra su inocencia?,
¡yo favores y tú agravios!
Responde, ¿qué es lo que alegas
en tu descargo?, ¿enmudeces?
No me admiro, que es tan nueva
tu maldad, que ni aun razones
para disculparte encuentras.

Solimán

Gran señor, si en tu piedad
halla mi ruego clemencia,
y mis conquistas y hazañas
no merecen que se atiendan,
te pido que de mi muerte
ejecutes la sentencia,
pues me son tus cargos más
sensibles, que padecerla.

Mahomet ¿Y son esas las disculpas
que me ofreces?

Solimán Aun que tenga
otras, me importa callarlas.

Mahomet Y a mí me importa saberlas.

Solimán Pues yo no puedo decirlas.

Mahomet Cuando tu vida se arriesga,
y tu fama, todo es menos.

Solimán Cuando fama y vida pierda
será por ser infeliz
mi suerte; y más que mi afrenta,
me importa no aventurar
pundonores que me empeñan
a morir callando.

Mahomet Luego
tu culpa pende de ajena
sugestión.

Solimán No sé.

Mahomet Habla claro.

Solimán No puedo, señor.

Mahomet Depuesta
mi majestad soberana,
despejad.

(Vanse los Soldados.)

Solimán
¡Oh!, ¡a qué funesta
situación me constituye,
Sultana, tu saña fiera!

Mahomet
No como Rey, como amigo,
te pide mi amor, te ruega,
(Se levanta.) o te suplica...

Solimán
¡Oh gran héroe!

Mahomet
Que a mi gusto condesciendas.
Yo te perdono, y te vuelvo
mi gracia, honor y grandezas.
Dime, ¿qué impulso ha regido
tu brazo?, ¿quién te fomenta
a este delito?, ¿y qué causas
inspiran a quien te empeña
a ejecutarlo?

Solimán (Aparte.)
(Si digo
que su esposa, es ofenderla,
faltando a la fe y palabra;
si digo que la belleza
de Eurinome me aprisiona,
y que por no hacerla ofensa,
dirigí el golpe a mi pecho
su noble esplendor se arriesga.)

Mahomet
Responde.

Solimán (Aparte.)
(¿Pero qué dudo?,
morir primero que entienda

que ni el alma, ni el honor
le ofende, quien le venera.)

Mahomet

¿Qué, estás suspenso?, tan poco
mi amor te debe?

Solimán

(¡Ay tal pena!)

Mahomet

¿Qué dudas?, ¿qué te detienes?,
hablame claro, no temas:
mira que más que tú mismo,
me intereso en que no mueras.
¿Qué dices?, ¿yo suplicando,
y tú negando?, no fuera
tan cruel Mahomet contigo.

Solimán

Déjame, señor, no quieras;
que en tan sensible martirio,
aliento y vida fallezca.

Mahomet

Pues sácame de esta duda.

Solimán

No es posible.

Mahomet

¿Qué recelas?

Solimán

Muchos daños.

Mahomet

¿Hay disculpa
en tu favor?

Solimán

Y a saberla
tú señor, bien sé yo que
mi lealtad agradecieras.

Mahomet ¿Pues para qué me la ocultas?

Solimán No conviene que la sepas.

Mahomet Mi majestad desairada,
rogando amistosa, mueva
tu corazón.

(Quítase el manto, corona y cetro, y la pone sobre la mesa, y se abraza a él.)

Solimán ¡Gran señor!,
no puedo hablar aunque quiera.

Mahomet Estimo tu vida, y a esto
me obliga que no la pierdas.

Solimán ¡Oh amor de un Príncipe grande,
y sin igual!

Mahomet ¿Pues qué esperas,
si lo conoces, que de él,
amigo, no te aprovechas?

Solimán Ahí verás cuál es el fiero
martirio que me atormenta;
(Aparte.) (¡qué noche tan infeliz!)

Mahomet Solimán, dime, ¿hay ofensa
contra mi persona real,
además de la tragedia
que amenazaba a Eurinome?

Solimán — No sé; pero puede haberla.

Mahomet — Dime cuál es; porque quiero
que vivas, aunque me ofendas.

Solimán — ¿Ofenderte yo?, primero
la infatigable carrera
de luces dejará el Sol.

Mahomet — Pues qué máxima te enseña
que es heroísmo infamar
de un delito tu inocencia?

Solimán — Ser noble, fino y leal.

Mahomet — No hay lealtad, sin obediencia.

Solimán — Señor, si cuantos suplicios
ha inventado la fiereza,
me afligen, no he de decir
sino solo que está expuesta
tu vida; y que si conspiran
por mi muerte contra ella,
y tú mismo no la guardas,
no podré yo defenderla.

Mahomet — ¿De quién?

Solimán — Eso es lo que yo
no he de decir: si aprovechas
el aviso, harto te he dicho.

Mahomet — Mira, que ya mi paciencia
se cansa.

Solimán Tiene razón.

Mahomet Advierte, que mi grandeza
de la justicia inspirada
olvidará la clemencia.

Solimán Con morir en mi silencio,
se satisfacen tus quejas.

Mahomet ¿No hay remedio?

Solimán No señor.

Mahomet Pues ya que en morir te empeñas
en tu ciega obstinación
rebelde, con la soberbia
cautela de despreciar
la piedad que te franquea
mi amor, el justo castigo
de mi enojo experimenta.
Ah de mi guardia.

(Sale el Cabo y turcos.)

Cabo ¿Qué mandas?

Mahomet Ejecutad la sentencia:
divida un verdugo infame
de su cuello la cabeza.

Solimán Gustoso voy a que el hado
se vengue de mi inocencia.

Mahomet Llevadle.

(Sale Zaira.)

Zaira No le llevéis.

Mahomet ¿Pues qué pretendes?

Zaira Que sepas
que Solimán no te ofende.

Mahomet ¿Cómo?

Zaira Como la cautela
de tu esposa (a quien la envidia
y las celosas sospechas
tu amor arrastran) supo
obligarle a que convenga
(en lo aparente) al estrago
de Eurinome; y su fineza
por no ofender a quien ama,
se lisonjeaba en que viera
derramar su noble sangre.
Al contener la violenta
acción Eurinome, entraste,
y juzgando que...

Solimán Su Alteza
procede mal informada.

Zaira ¿Cómo es fácil?, si ella mesma,
anegada en sentimientos
lo ha dicho.

Solimán — Señor...

Mahomet — No temas,
ya conozco tu lealtad;
ya conozco la nobleza
de tu corazón: mi esposa
te conjuró a que padezcas
este ultraje, ¿y el amor
de Eurinome te interesa
a morir?

Solimán — Por no ofenderte
le callé, y por no ofenderla;
yo la rendí el albedrío,
primero que tú la vieras:
supe que tú la adorabas,
y primero eres tú.

Voces — Guerra,
arma.

Otros — Viva Solimán.

Mahomet — ¿Qué es esto?

(Sale Hebraín.)

Hebraín — Que descompuesta
la tropa y el pueblo, piden
que Solimán no perezca.

Solimán — Déjame ir a castigarlos.

Mahomet — Aunque es contra mi suprema

autoridad el insulto,
no sé si se lo agradezca.
Ya está libre Solimán,
y en su honor y su grandeza,
mas en mi gracia que nunca:
ven a que todos te vean
conmigo en las galerías
de mi palacio.

Zaira (Aparte.) (Esta nueva
voy a llevar a Eurinome.)

Hebraín Gran favor.

Solimán Viva la excelsa
majestad de Mahomet,
amigos.

Todos Viva, y que venza.

(Vanse.)

(Mutación corta de gabinete, y sale la Princesa asustada.)

Princesa En el mar proceloso de mis penas,
náufrago el corazón aspira al puerto,
y en Caribdis de sustos encallado,
crece la tempestad, y yo fallezco.
Todos son sobresaltos, todo angustias,
mortales ansias todo, y desconsuelos.
¡Si murió Solimán!, ¡si ha conseguido
su inocencia el perdón!, ¡si dio su cuello
por ser fino, a un verdugo!

(Sale Zaira y damas.)

Zaira

Ya está libre
Solimán, Eurinome.

Princesa

Déte el Cielo,
tanta felicidad, como alegría
das a mi corazón; ¿a quién le debo
tanto favor?

Zaira

A mí; pues a mi hermano
hice ver su inocencia, y el exceso
de la Sultana.

Princesa

Deja que a tus plantas
bese tu blanca mano.

Zaira

Alza del suelo,
y en mis brazos descansa.

Princesa

¿Qué alboroto,
el sosiego perturba?

Zaira

Tropa y pueblo
de Solimán la vida pidió, cuando
ya por mí estaba libre de su riesgo.

(Sale Celia.)

Celia

La Sultana, que estaba en los jardines,
te vio en la galería, y con extremos
de furor, dijo airada, ¿esa cristiana
a quien juzgaba muerta, tiene aliento
de presentarse donde yo la vea?

Pues hoy ha de morir: acudió luego,
presuroso Salem; habló con ella,
salió precipitado, y conmoviendo
pueblo y tropa, otra vez crece el tumulto.

Princesa ¿Qué dices, Celia mía?

Celia Que recelo
contra tu noble vida, algún fracaso.

Princesa No tienes que dudar, que él será cierto
si es contra mí.

Zaira No temas, yo a mi hermano
informaré de todo.

Princesa ¿Y qué remedio
contra el fiero tesón de la Sultana
puedo esperar, si con sañudo ceño
mi muerte solicita?

Zaira El Soberano
defiende tu inocencia, y justiciero
fulminará venganzas, irritado
contra quien profanare su respeto.

(Vase.)

Princesa Hidras son las desdichas, pues aleves,
de donde unas se cortan, nacen ciento.

Celia Solimán llega a hablarte; cuidadosa
voy a inquirir noticias del suceso,
y avisarte de todo.

(Vase.)

Princesa

Eso te encargo.

(Sale Solimán.)

Solimán

Con el salvoconducto, que ya tengo
para venirte a ver, no sé si diga
en alas de mi amor, o mi deseo,
llego, bien mío, a tus divinos ojos;
no a ofrecerte la vida que te debo,
que no sé si la estime, habiendo sido
por revelar tú a Zaira aquel secreto,
que ofende tu decoro, a la Sultana,
a Mahomet y a mi lealtad: mas esto
ya no puede enmendarse; sino a darte
noticia, que estoy libre; que me ha vuelto
Mahomet a su gracia; que ya sabe
que te ofrecí mi amparo, y que te quiero.
No llores.

Princesa

¿Qué no llore?

Solimán

¿Pues qué alivio
tienes en que yo viva?

Princesa

Mi consuelo.

Solimán

¿Luego me quieres?

Princesa

No.

Solimán

¿Pues de qué nace

esa hidalga pasión y esos extremos?

Princesa — De conocer tus prendas generosas,
desinterés, piedad, lealtad y empeño
de mirar por mi vida.

Solimán — Si mi estrella
menos infausta, facilita medios
de llevarte a Candía, como esclavo
te serviré constante, mis afectos
sujetando a tu gusto.

Princesa — Es imposible
que yo a premiaros llegue en ningún tiempo.

Solimán — ¿Quién lo impide?

Princesa — Mi ley, que es muy opuesta
al mahometano rito.

Solimán — Y si profeso
tu misma religión, y soy cristiano
como tú, ¿qué dirás?

Princesa — Que no lo creo;
porque tú los persigues.

Solimán — ¿Pues del Ponto
no suspendí el asalto a sangre y fuego,
tantas veces, pudiendo aniquilarlos?

Princesa — ¿Qué causa te movió?

Solimán — El no ofenderlos.

Princesa
Después los destruiste. ¡Ay padre mío!,
¡ay prendas de mi vida!

Solimán
Ahora lo siento.

Princesa
Dime, si eres cristiano, ¿cómo o dónde
supiste de la fe?

Solimán
Por su Evangelio,
que impreso está en el alma.

Princesa
¡Qué ventura!

Solimán
El que me hizo abrazarla, conociendo
que soldado de Cristo en su milicia
la hazaña es la virtud, la gloria el premio.

Princesa
Pues siendo eso verdad, ¡ay padre mío!
(Aparte.)
(No falto a mi palabra, agradeciendo
a un cristiano, y no a un bárbaro honra y vida.)

Solimán
¿Qué harías, dueño mío?

Princesa
¡No me atrevo
a decir lo que haría, porque ignoro
la ciencia del querer!

Solimán
Son sus preceptos
fáciles de aprender.

Princesa
¿Cómo se aprenden?

Solimán
¿Quieres que te lo diga?

Princesa — Sí.

Solimán — Queriendo.

Princesa — Pues si en querer consiste solamente
ya pienso que lo sé; pero no creo
que te sirva de alivio; pues mi vida
no halla instante sin susto, hora sin riesgo.

Solimán — ¿Riesgo, estando conmigo?

(Sale Celia.)

Celia (Acelerada.) — (Huye, señora,
que llega de tu vida el fin sangriento.)

Princesa — ¿Qué dices?

Solimán — ¿Cómo es fácil?

Celia — La Sultana
ha inspirado a la tropa...

Solimán — Dilo presto.

Celia — Que pidan tu cabeza...

Princesa — ¡Cruel astucia!

Celia — O la de Mahomet.

Solimán — Infame arresto:
¡tu cabeza!

Princesa ¡Y en voz de la Sultana!,
¡ay de mí, y de mi vida!

Solimán Cobra aliento,
que a esa bárbara gente tumultuada,
reducirá a cenizas mi ardimiento.

Princesa No te vayas por Dios, no consideras
que sin tu compañía crece el riesgo?

Solimán ¿Quién vio tal impiedad?

Princesa Yo, que el destino
infausto es contra mí.

Solimán ¡Qué he de hacer, Cielos!

(Sale Zaira.)

Zaira Eurinome infeliz, tu muerte es cierta.

Princesa ¡Ya lo sé, gran señora!

Solimán ¡Qué tormento!

Zaira A esa villana gente tumultuada,
ni la amenaza, ni el rigor, ni el ruego
de mi hermano contiene el desacato.

Solimán Déjame ir a abrasarlos con mi incendio.

Zaira No podrás, cuando dicen...

Salem (Dentro.) La cabeza
de la esclava, y si no la del imperio,
que es Mahomet.

Solimán Fiera osadía.

Princesa A él, y a mí, es la amenaza.

Zaira Tan soberbios,
y altivos se le oponen, que escalando
el palacio y serrallo, ya entran dentro
en tu busca: mi hermano los contiene,
y pregunta por ti.

Princesa ¡Qué desconsuelo!

(Sale Hebraín acelerado, sable en mano.)

Hebraín Huye, señora, del mayor peligro
que amenaza tu vida por momentos
si te encuentran aquí.

Princesa Ya veo el golpe
que vibra aleve impulso hacia mi pecho.

Solimán Yo tomaré venganza, aunque aventure
la vida en tu defensa.

Princesa No lo apruebo;
que un bruto desbocado no repara.

Solimán y Hebraín También sabe enfrenarlo el escarmiento.

Princesa Teme, Solimán mío, tu peligro.

Solimán ¿Por qué me llamas tuyo a tan mal tiempo?

Princesa Porque pierdes tu vida, y es mi muerte
vivir a tanta costa.

Solimán En nuevo empeño
pones mi obligación.

Zaira La noble vida
de mi hermano se arriesga.

Solimán A socorrerlo
voy al punto.

Princesa Sin ti mi muerte es cierta.

Solimán Y la mía sin ti.

Los dos Sagrados Cielos,
¿qué haré en tal confusión?

(Sale Nise.)

Nise Si con la fuga,
no defiendes tu estrago, ya el funesto
fatal lance llegó.

Zaira Sigue mis pasos.

Solimán y Hebraín ¿Dónde quieres llevarla?

Zaira Al más secreto
retiro de mi cuarto, porque juntos

a mi hermano asistáis.

Princesa
Tu heroico afecto
y tu piedad me valga en tal fatiga.

Todos
Ya llegan en tu busca.

Solimán
Vete presto,
que yo les saldré al paso.

Princesa
Virgen pura,
en el triste conflicto en que me veo
tu protección invoco; ella me asista;
mis lágrimas atiende; oye mi ruego;
como madre piadosa dame auxilios.

Solimán
Y a mí valor, constancia, y sufrimiento.

Salem (Dentro.)
Hasta hallar la cristiana no se omita
diligencia en su busca.

Solimán
Deteneos,

(Salen turcos.)

¿no veis que estoy yo aquí?

Uno
Somos mandados.

Solimán
Pues yo también os mando que al supremo
Mahomet respetéis.

Uno
Sin la cabeza
de la Princesa esclava, no podemos.

Solimán
Tu rebelde traición y la de todos
sabré yo castigar.

(Riñe, y los retiran Solimán y Hebraín.)

Hebraín
Obre el esfuerzo,
y muera esta canalla.

Nise y Celia
Cada instante
crece la confusión.

(Vanse.)

(Mutación de jardines con miradores de cristales, y cortinas carmesíes, y en ellos Mahomet con el sable ensangrentado en la mano, y una cabeza imitada en el adorno y tocado a la de la Princesa y ensangrentado el rostro de ella: turcos a su lado, y otros en el tablado como tumultuados: a su tiempo baja por una escalera que habrá enfrente, y su guardia.)

Mahomet
Ingrato pueblo,
ya te doy lo que pides, ya he cumplido
el inhumano bárbaro decreto.

Turcos
Huyamos su furor.

(Sale Solimán y Hebraín sable en mano, y huyendo los turcos que entraron acuchillando.)

Solimán y Hebraín
Mahomet viva.

Mahomet
Detente Solimán.

Solimán
¡Pero qué veo!

Mahomet — Deshojada la rosa más fragante,
mustio el mejor clavel de mortal cierzo
al embate furioso, el Sol más puro
eclipsado, la luz que este hemisferio
iluminaba, muerta: a mí sin alma;
y ejecutar mi brazo el más sangriento
bárbaro sacrificio en una vida,
que era más que mi vida y que mi imperio.
Traidora sedición...

Solimán — Ya lo sé todo;
pero, gran Mahomet, ¿qué es lo que has hecho?

Mahomet — Ceder mi gusto a la razón de estado.
Quitad ese espectáculo funesto
de mi vista; llevádselo a esos brutos
y que se satisfagan.

(Entrega la cabeza a los turcos que estaban en el tablado, y se van con ella.)

Solimán (Aparte.) — (Yo desfallezco.)

Hebraín (Aparte.) — (¡Oh Princesa infeliz!)

Solimán — ¡Oh desgraciada
peregrina beldad!

Mahomet (Aparte.) — (Logré mi intento.)

Solimán — ¿Pues cómo, gran señor, de una inocente
sangrienta víctima haces?, eran estos
los favores, las honras, y grandezas

que a lo que te he servido das por premio?
¿No bastaba mi brazo a sujetarte
la vil conjuración con este acero
que ha postrado a tus pies tantos monarcas?

Mahomet — Ya al daño sucedido no hay remedio.

Solimán (Aparte.) — (Perseguida sin culpa, con tu muerte
faltó mi vida, y sin mi vida muero.)

Mahomet — Peligraba yo mismo: a mi grandeza
soberana perdido, ya el respeto,
la ley de la obediencia atropellaba
la misma confusión: me vi indefenso:
procedí con violencia.

Solimán — ¡Impío golpe!

Mahomet — Y ejecuté inhumano.

Solimán — ¡Cruel tormento!

Mahomet — Luego a Constantinopla marche el campo,
tenían el rigor de mi supremo
poder los delincuentes: tú en lo mucho
que me debes, no dudes.

(Vase, y queda solo.)

Solimán — ¿Qué te debo?,
si la vida me has dado, y me la quitas
con mayor impiedad, no la agradezco.
¿Mas qué aguardo que en venganza
de su muerte enfurecido

no destruyo esta canalla?

(Al tiempo de entrarse le detiene la Sultana y damas.)

Sultana ¡Solimán!

Solimán ¡Otro martirio!

Sultana Si te empeñé en aquel lance,
que te puso en el peligro
de perder la vida (habiendo
entrado mi esposo al mismo
tiempo de vibrar el golpe)
por librarte he conmovido
la tropa: ¿no me das gracias?

Solimán ¿De qué?, ¿de haber dirigido
la tragedia más sangrienta
y cruel, que vieron los siglos?,
¿de eso te he de dar las gracias?

Sultana De que ya libre te miro;
y también de haber logrado
mis intentos vengativos.

Solimán ¿Aún no está tu corazón
de fiera compadecido?

Sultana Otra vez, y otras mil veces
ejecutara lo mismo
con la esclava: su cabeza
fue bárbaro desperdicio
de la plebe, sobre un palo,
y de los perros indigno

pasto. Las tropas en arma,
hasta lograr el designio
de dar muerte a Mahomet,
y coronarte conmigo.

Solimán ¿Qué decís?

Sultana Que Mahomet
se ha de vengar ofrecido,
y que antes que lo consiga
le has de dar muerte tú mismo.

Solimán Fiera, y no mujer (supuesto
que siéndolo era preciso
obrase lo racional,
no lo bárbaro y lo impío);
¿yo a Mahomet?, ¿yo a mi dueño
y Emperador?, ¡qué delirio!

Sultana ¿No es más que su vida el logro
de mi amor y mi cariño?

Solimán Todo es menos que la infamia
en que quedo envilecido.

Sultana ¿No es más ser Emperador
Soberano y dueño mío?

Mahomet (Al paño.) ¿No es más ser Emperador
Soberano y dueño mío?

Solimán Por tu amor, ni todo el mundo,
que ofrecieras a mi arbitrio,
no tengo de ejecutarlo,

ni tengo de consentirlo.

Sultana
En mí hay valor para todo,
hay acero, y sobran bríos
para que hoy muera.

Solimán
Advertid:

(Sale Mahomet.)

Mahomet (A Hebraín y turcos.)
¿Quién ha de morir?

Sultana
Tú, indigno
del laurel de ser mi esposo.

Mahomet
Delirios sobre delirios.

Sultana
¿Pensabas por una esclava,
ajar el regio, el altivo
esplendor de la Sultana,
con desprecios y desvíos?,
¿querías que tolerase
la ingratitud que en ti he visto
sin vengarme?, pues no, aleve.

Mahomet
Calla, calla, que me admiro
de mi prudencia, y de ver
que no te haya contenido
mi majestad y tu culpa,
para hablarme en este estilo:
¿amparar a una infeliz
triste cristiana, es motivo
de atreverse a mi persona?,

vive Alá, vivo yo mismo...

(Va a sacar el sable, y Solimán le detiene de rodillas.)

Solimán — Qué haces, gran señor, repara...

Mahomet — Suelta, volcanes respiro.

Sultana — Primero verás tu muerte,
que postrado, ni rendido
mi valor. Ha de la guardia:
esta es la ocasión, amigos.

(Dice estos versos la Sultana mirando adentro: vuelve Mahomet a mirar hacia aquel lado, como a ver a quién llama la Sultana, y ella saca un puñal, va a herirle, y Solimán se le quita.)

Mahomet — ¡Qué traición es esta!

Sultana — Muere.

Solimán — Detén, señora, el bruñido
acero.

Sultana — Suelta, cobarde,
el puñal.

Mahomet — ¿Pero qué miro?

(Salen Salem y turcos, sable en mano, y se ponen de escolta de la Sultana.)

Salem — ¿Qué nos mandas?

Sultana — Que prendáis
a Mahomet.

(Van a ejecutarlo, y él se pone en defensa, y su guardia con él.)

Mahomet — Atrevidos,
¿a vuestro dueño y señor?

Salem — Mi dueño es la que yo sirvo.

(Hebraín se pone del lado de Mahomet, y riñen contra los turcos que salieron con Salem: repara Solimán en Salem.)

Hebraín — Gran señor, a vuestro lado
moriré por impedirlo.

Sultana — Prendedle.

Solimán — Cómo es posible,
si yo en su defensa esgrimo
este alfanje.

Sultana — Mueran todos.

Solimán — Primero que conseguirlo,
tu escarmiento, y mi venganza
lograrán su precipicio.

Mahomet — Viva Mahomet, Soldados.

Sultana — Viva la Sultana, amigos.

Salem (Cae.) — Muerto soy: ya mis maldades
logran su justo castigo:

rabiando muero.

Solimán

Aun no pagas
con tu muerte tus delitos.

Sultana

Ejecutad mis mandatos,
que aunque él muera, no desisto.

Mahomet

¿Quién se atreverá a intentarlo?

Sultana

¿Quién se atreverá a impedirlo?

Solimán

Mi valor: valientes Turcos,
viva Mahomet, invicto
Emperador: Solimán,
vuestro General caudillo,
alienta vuestra lealtad.
Si le ofendéis seducidos
de un espíritu rebelde,
piedad hay en su benigno
corazón para el perdón.

Mahomet

Eso sí; que son mis hijos.

Sultana

Vuestra Sultana os convoca:
mahometanos, obre el brío
en mi venganza.

Todos

El supremo
Mahomet viva.

Sultana (Aparte.)

(Ya esquivo
se muestra el hado; villanos,
¿eso decís?, ¡ah enemigo

Solimán, que me has faltado
al mejor tiempo!)

Mahomet

Ya has visto,
loca mujer, venenoso
áspid, traidor cocodrilo,
tu traición desvanecida.

Sultana

Harto lo lloro y lo gimo,
y más no poder verter
tu vil sangre el furor mío.

Mahomet

¿Qué infernal furia a tu pecho,
se desató del abismo
para esa crueldad?

Sultana

Mis celos.

Mahomet

Ya lo que te debo he visto,
Solimán: lo que he mandado
luz, Hebraín.

(Vase.)

Solimán (Aparte.)

(No respiro
sino volcanes.)

Mahomet

En tanto
que en un infame suplicio
de esa mujer escarmiento,
quiero pagar tus servicios.

Solimán

¿Qué premio, señor, habiendo
muerto Eurinome?

Sultana (Aparte.) (Fingido
fue su amor, y es falso.)

Mahomet El premio,
venciéndome yo a mí mismo,
es...

(Sale Eurinome, Zaira, damas y Hebraín.)

Princesa Eurinome a tus plantas
está, gran señor.

Sultana ¡Qué abismo
de confusiones me ciegan!,
¿qué aun vives?

Solimán Cielos divinos,
¿qué dicha esta?

Sultana Rencores,
no me atosiguéis impíos.

Mahomet ¿De qué os admiráis?

Sultana De ver
tu maldad.

Mahomet Compadecido
el Cielo de esta inocencia,
me proporcionó el arbitrio
de guardar su vida a costa
(¡con qué dolor lo repito!),
de una esclava: ensangrentado

su rostro, y desconocido,
suplió su cabeza.

Solimán (Aparte.)
(Albricias,
corazón.)

Sultana (Aparte.)
(Rabio al oírlo.)

Princesa
Y yo agradecida a tantas
piedades, os sacrifico
la vida que me habéis dado,
aunque en ella nada os sirvo
si han de asaltarla incesante
tanto tropel de peligros.

Solimán
Dichoso quien llega a verte
sin ellos.

Princesa
Yo, si consigo
por ti respirar sin susto,
el parabién me anticipo.

Sultana (Aparte.)
(Viva mi enemiga, ¡y yo
entre penas y martirios!)

Zaira
Yo agradezco la fineza
de tu corazón benigno,
Mahomet.

Mahomet
Al punto marche
el ejército; y al mismo
tiempo de aclamar mi triunfo,
se ejecutará el castigo
de la Sultana: prendedla.

Sultana — Nadie será tan impío
como tú, que lo ejecute.

Solimán — A vuestros pies os suplico...

Princesa — A vuestras plantas os ruego...

Los dos — Que la perdonéis.

Sultana — No admito
ni el perdón, ni vuestro ruego,
infames, viles, indignos.

Mahomet — Calla monstruo.

Sultana — Ni tampoco
de tu piedad necesito:
con menos que con tu muerte
no se saciaba mi altivo
furor, y no ha de saciarse
si no es con su precipicio.
¡Mi majestad ultrajada!,
¡yo en un infame suplicio!,
¡yo sin vengarme!, ¿mas cómo
se llega a postrar mi brío?
Traidor esposo, esa aleve
esclava, o Princesa, ha sido
la causa... no puedo hablar,
de que tú... en vano me animo:
ingrato... el dolor me ahoga;
desprecies... fiero martirio;
mi amor... el furor me ciega:
y entre rabiosos gemidos,

un áspid siento en el pecho,
en la garganta un cuchillo,
y un luego que está abrasando
mi corazón oprimido;
¡quién con él os diera muerte!,
mas un mortal parasismo
me atosiga por instantes:
ya falta el valor; ya el brío
desfallece; ya el aliento
es tal, que apenas respiro.
Solo siento no vengarme,
y por lograr destruiros,
que en esta ocasión no sean
mis ojos dos basiliscos.
Irritado Alá se venga
de mí. ¡Yo muero!, yo expiro
entre furiosas congojas,
(Cae.) de rencores vengativos.

Hebraín De celos, ira y rencor,
sorprendida entre delirios
mortales, que la atosigan
es yerto cadáver frío.

Mahomet Retiradla de mi vista,
que si me hubiera pedido
perdón, le hubiera alcanzado:
tuya es Eurinome, amigo
Solimán, si ella y su ley
lo admiten.

Solimán Yo también sigo
la ley cristiana.

Mahomet ¿Qué dices?

Solimán Que en tus piedades confío
el perdón; pues por servirte
he derrotado y vencido
los cristianos tantas veces.

Mahomet En tanto que determino
el perdón, alza a mis brazos.

Solimán ¿Qué más premio?, y tú, bien mío
¿qué dices?

Princesa Que si vivimos
la ley santa, en cualquier parte
estoy gustosa contigo.

Mahomet Dando fin a la Comedia
del suceso peregrino
de la perseguida Esclava
del Negro Ponto...

Todos Pedimos
el perdón de nuestras faltas;
y si os ha gustado un Víctor.

Libros a la carta

A la carta es un servicio especializado para

empresas,

librerías,

bibliotecas,

editoriales

y centros de enseñanza;

y permite confeccionar libros que, por su formato y concepción, sirven a los propósitos más específicos de estas instituciones.

Las empresas nos encargan ediciones personalizadas para marketing editorial o para regalos institucionales. Y los interesados solicitan, a título personal, ediciones antiguas, o no disponibles en el mercado; y las acompañan con notas y comentarios críticos.

Las ediciones tienen como apoyo un libro de estilo con todo tipo de referencias sobre los criterios de tratamiento tipográfico aplicados a nuestros libros que puede ser consultado en Linkgua-ediciones.com.

Linkgua edita por encargo diferentes versiones de una misma obra con distintos tratamientos ortotipográficos (actualizaciones de carácter divulgativo de un clásico, o versiones estrictamente fieles a la edición original de referencia).

Este servicio de ediciones a la carta le permitirá, si usted se dedica a la enseñanza, tener una forma de hacer pública su interpretación de un texto y, sobre una versión digitalizada «base», usted podrá introducir interpretaciones del texto fuente. Es un tópico que los profesores denuncien en clase los desmanes de una edición, o vayan comentando errores de interpretación de un texto y ésta es una solución útil a esa necesidad del mundo académico.

Asimismo publicamos de manera sistemática, en un mismo catálogo, tesis doctorales y actas de congresos académicos, que son distribuidas a través de nuestra Web.

El servicio de «libros a la carta» funciona de dos formas.

1. Tenemos un fondo de libros digitalizados que usted puede personalizar en tiradas de al menos cinco ejemplares. Estas personalizaciones pueden ser de todo tipo: añadir notas de clase para uso de un grupo de

estudiantes, introducir logos corporativos para uso con fines de marketing empresarial, etc. etc.

2. Buscamos libros descatalogados de otras editoriales y los reeditamos en tiradas cortas a petición de un cliente.

www.ingramcontent.com/pod-product-compliance
Lightning Source LLC
LaVergne TN
LVHW051006080826
845145LV00009B/2481
9788498166446